Darß, Fischland und Zingst

Ellert & Richter Reiseführer

Darß, Fischland und Zingst

Frank Thamm

Mit ausgewählten Rad- und Wandertouren und zahlreichen Tipps

Inhalt

Zeichenerklärung zu den Radtouren- und Wanderkarten

Autobahn mit Nummer	
Bundesstraße mit Nummer	
Land-/Kreisstraße	
Wander-/Radwanderweg, Deich	
Steilufer	
Bahn	
Touren-Startpunkt	

Wald/Forst — Sonstige Flächen

Niederung — Bebaute Fläche

Sand/Strand

Aussichtspunkt — Parkplatz

Museum — Kirche

Touristinformation — Friedhof

Orientierungstafel — Windkraftanlage

Kino — Leuchtturm

Tennisplatz — Post

Sehenswürdigkeit

Boddenrundfahrt

Jugendherberge

Denkmal

Dieser Reiseführer enthält zahlreiche Radtour- und Wanderkarten. Um Ihnen die Orientierung zu erleichtern, haben wir in die Karten bestimmte Symbole eingefügt, die oben erläutert sind.

Land zwischen Meer und Bodden

Die Landschaft Mecklenburg-Vorpommerns ist mit ihren vielfältigen Erscheinungsformen ein attraktives Ziel für Touristen und Erholungsuchende. Auf der einen Seite kann der Besucher die wildromantische Ostseeküste mit breiten, kilometerlangen Sandstränden und sanften Boddengewässern genießen, auf der anderen Seite das Binnenland mit prächtigen Alleen und vielen Seen. Die Mecklenburger und Vorpommern wissen um die Schönheit ihres Landes und bringen dies auch – zum Beispiel mit einem Autoaufkleber – zum Ausdruck: „Mecklenburg-Vorpommern ist viel schöner ... und hat keine Krokodile." Das nordöstlichste Bundesland war immer beliebtes Reiseziel und gewinnt noch immer von Jahr zu Jahr neue Gäste. Mittlerweile werden sieben Millionen Erholungsuchende registriert, die für rund 28 Millionen Übernachtungen sorgen, wobei die 62 prädikatisierten Gemeinden (Heilbäder, Seebäder, Seeheilbäder, Luftkurorte, Erholungsorte) die meisten Buchungen verzeichnen. Unter den inländischen Reisezielen ostdeutscher Urlauber belegt das nordöstliche Bundesland vor Bayern und Schleswig-Holstein den ersten Platz. Für die Mehrzahl ist wiederum die Region Fischland, Darß und Zingst, die Halbinselkette zwischen den alten Hansestädten Rostock und Stralsund, das nach Rügen beliebteste Feriengebiet. In einer Karte des „Raumordnungsberichtes Mecklenburg-Vorpommern" trägt praktisch die gesamte Halbinsel die Signatur für „Räume mit besonderer natürlicher Eignung für den Fremdenverkehr und Erholung" – die restlichen Flächen sind Landschafts- oder Naturschutzgebiete. Bereichert wird das harmonische Landschaftsbild durch ein beeindruckendes Kulturerbe: Das Flair vergangener Tage lebt in den mittelalterlichen Stadtanlagen mit ihren wuchtigen Mauern und Toren, den großen Kirchen und prunkvollen Rathäusern fort. Zahlreiche Guts- und

Zum Kapital der Urlaubsregion Fischland, Darß und Zingst gehören die unvergleichliche Lage zwischen der offenen See (oben) auf der einen Seite und den Bodden (rechts) auf

Bauernhäuser, Schlösser, Klöster, Burgen und Katen vermitteln noch immer eine lebhafte Vorstellung von zurückliegenden Lebens- und Wirtschaftsweisen. Ebenso sehenswert sind die vielen namenlosen Schönheiten norddeutscher Backsteingotik, die kleinen romantischen Dorfkirchen, die prachtvollen Strandvillen der Bäderarchitektur, die eleganten Seebrücken und die urigen Fischerhäuser. Zu den „Highlights" der Küste zählen im wahrsten Sinne des Wortes die Leuchttürme. Für die kulturell Interessierten bieten Museen,

Galerien, Konzerthallen und Theater sowie die „Festspiele Mecklenburg-Vorpommern" reichlich Abwechslung.

Schon immer zog diese Urlaubsregion zahlreiche, auch prominente, Sommerfrischler an. Albert Einstein (1879–1955) schrieb 1918 aus Ahrenshoop an seinen Freund, den Physiker Max Born (1882–1970): „Hier ist es

der anderen, die Weite des Himmels und das Spiel der Wolken. Im Gegensatz zur manch-
mal sturmumbrausten Ostseeküste bietet das Boddenufer oftmals ein Bild der Stille.

wundervoll, kein Telefon, keine
Verpflichtung, absolute Ruhe. [...]
Ich liege am Gestade wie ein Kro-
kodil, lasse mich in der Sonne
braten, sehe nie eine Zeitung
und pfeife auf die sogenannte
Welt." Den jungen Erich Kästner
(1899–1974) inspirierte der
Strand von Graal-Müritz im Jahr
1914 in seinen Tagebüchern zu
folgender Äußerung: „Am schönsten war die Welt am Meer in
sternklaren Nächten. Über unseren Köpfen funkelten und zwin-
kerten viel mehr Sterne als da-
heim, und sie leuchteten könig-
licher. Der Mondschein lag wie

ein Silberteppich auf dem Wasser. Die Wellen schlugen am
Strand ihren ewigen Takt."
Lassen Sie sich durch ein nach-
ahmenswertes Motto von Oskar
Maria Graf (1894–1967) zu
einem ebenso erholsamen wie
lehrreichen Urlaub auf der Halbinselkette Fischland, Darß und
Zingst animieren: „Reisen sollte
nur ein Mensch, der sich ständig
überraschen lassen will."

Mecklenburg-Vorpommern –
ein Steckbrief

Geografische Lage: Das Land Mecklenburg-Vorpommern liegt im Nordosten der Bundesrepublik Deutschland und grenzt an Polen (78 Kilometer) sowie an die Bundesländer Brandenburg (448 Kilometer), Niedersachsen (79 Kilometer) und Schleswig-Holstein (137 Kilometer).

Fläche: Mit einer Fläche von 23 211 Quadratkilometern ist Mecklenburg-Vorpommern das sechstgrößte der 16 Bundesländer. Die Küstenregion ist gegliedert in 377 Kilometer Außenküste und 1568 Kilometer Bodden- und Haffküste (Binnenküste). Zehn Ostseeinseln, darunter die größte deutsche Insel Rügen (930 Quadratkilometer), sind größer als ein Quadratkilometer. 288 Naturschutzgebiete verteilen sich auf drei Prozent der Landesfläche.

Bevölkerung: Zum Jahresende 2013 hatte Mecklenburg-Vorpommern etwa 1 596 000 Einwohner. Mit knapp 69 Einwohnern pro Quadratkilometer ist es das am dünnsten besiedelte Bundesland (zum Vergleich: In Nordrhein-Westfalen liegt diese Zahl bei 515). Mit über 200 000 Einwohnern ist Rostock die größte Stadt des Landes.

Politik/Verwaltung: Mecklenburg-Vorpommern gehört seit dem 3. Oktober 1990 (Tag der Deutschen Einheit) zu den fünf neuen Bundesländern. Seit dem 4. September 2011 besteht das Land aus sechs Landkreisen und zwei kreisfreien Städten. Landeshauptstadt ist Schwerin (91 583 Einwohner) (Stand 31. Dezember 2013).

Wirtschaft: Wichtige Wirtschaftsfaktoren sind traditionell die Landwirtschaft und der Tourismus. Die Arbeitslosenquote lag im Durchschnitt der Monate 2014 bei 11,2 Prozent.

„Mitunter findet man Türen an, aus denen die Lebensarbeit ihrer Besitzer spricht, ... Sie zeigen, dass kein Dach zu gering sein kann, zu niedrig, kein Haus zu winklig und zu eng, um Menschenkindern nicht Stolz und Freude zu sein, weil sie dort geborgen sind." Käthe Miethe (1939)

Fischland, Darß und Zingst – geschaffen von Wind und Meer

Am Darßer Weststrand reichen die Wälder bis an den Dünensaum. Bei jedem Sturm trotzen die windgebeugten Buchen den anbrandenden Wellen. Hier lässt sich die Küstendynamik, durch Wind und Wellen in Bewegung gehalten, von einem zum anderen Jahr eindrucksvoll studieren.

Fischland, Darß und Zingst – geschaffen von Wind und Meer

Die abwechslungsreiche und liebliche Boddenlandschaft zwischen den altehrwürdigen Hansestädten Rostock und Stralsund ist außergewöhnlich interessant. Sanft, schön und aufregend schmiegt sich die Halbinsel, getrennt von Bodden, an das Festland. Sie zählt zu den wenigen noch erhaltenen Naturlandschaften Mitteleuropas: Auf engstem Raum finden sich hier Steil- und Flachküsten, Strandhaken und Nehrungen, Strandseen und flache Boddengewässer mit Schilfgürteln und Salzgraswiesen und damit die ganze Vielfalt des südlichen Ostseegebiets, garniert mit bizarr deformierten Bäumen (Windflüchtern), grandiosen Sandstränden, an denen man selbst in der Hochsaison noch ein ruhiges Plätzchen findet, mächtigen Dünen, urwüchsigem Wald sowie seltener Flora und Fauna. So ist zum Beispiel der vom Aussterben bedrohte Otter verbreitet. An den Straßen des Landstrichs trifft man deshalb auf das seltene „Otterwechsel"-Verkehrszeichen. Um diese naturnahe Vielfalt in ihrer Einmaligkeit erhalten zu können, wurde im Jahr 1990 der Nationalpark Vorpommersche Boddenlandschaft eingerichtet. Auf dem Fischland sowie auf dem Vordarß existieren mit dem Dierhäger Moor und dem Ahrenshooper Holz schon seit längerem Naturschutzgebiete.

Die knapp 60 Kilometer lange Halbinsel bildet zusammen mit der Darß-Zingster Boddenkette das westlichste Glied der vorpommerschen Boddenausgleichsküste. Sie hat die Form eines stumpfen Winkels, dessen westlicher Schenkel südwest-nordost verläuft und vom Ostseebad Dierhagen bis Darßer Ort 25 Kilometer lang ist, während der andere, westost ausgerichtet, sich zwischen Westdarß und Pramort auf etwa 29 Kilometer Länge erstreckt. Schon der umständliche Dreifachname lässt vermuten, dass da etwas verschmolzen ist, was ursprünglich nicht zusammengehörte. Die drei Halbinselsegmente Fischland,

Die Hafenausfahrt von Wustrow führt zunächst in eine flache Bucht des Saaler Boddens, die Permin heißt. Der Name bezeichnet jene Stelle zwischen Bodden und Ostsee, die in früherer Zeit ein schiffbarer Mündungsarm der Recknitz war. Urkunden zufolge lag dort im 14. Jahrhundert ein bedeutender Hafen.

Darß und Zingst waren noch vor wenigen hundert Jahren drei völlig selbstständige, durch schmale Wasserarme getrennte Landstreifen vor den flachen Boddengewässern. Die natürliche Küstenentwicklung sowie menschliche Eingriffe, zum Beispiel der Deichbau, haben die Verhältnisse grundlegend geändert. Es gab drei schmale Seegatts (Strömungsrinnen), die bei entsprechend hohem Wasserstand von Schiffen als Durchfahrten genutzt wurden: Das Fischland war südlich von Wustrow durch den Permin bis zum Ende des 14. Jahrhunderts vom Festland und in Höhe des heutigen Ahrenshoop durch den Darßer Kanal bis zum Jahr 1455 vom

Darß isoliert. Die Verlandung des Permins soll dabei um das Jahr 1395 durch Versenken von Rostocker Schiffen initiiert worden sein – die geschäftstüchtigen Hansestädter haben sich auf diese unfeine Art und Weise lästiger Konkurrenz aus den kleinen Häfen Wustrow und Ribnitz entledigt. Der Zingst war sogar bis zum Jahr 1874 eine durch den Prerowstrom („prerowa", slawisch für Durchbruch) vom Darß getrennte autarke Insel. Nachdem das große Sturmhochwasser (Sturmflut) von 1872 weite Teile der Ortschaft Prerow überflutet hatte, beschloss man umfangreiche Deichbaumaßnahmen, wodurch unter anderem die Mündung des Prerowstroms geschlossen und Zingst Bestandteil der Halbinselkette wurde. Seit einigen Jahren wird diskutiert, ob südlich von Wustrow ein Durchstich erfolgen sollte.
Seit der Landkreisneuordnung von 2011 gehört das Seeheilbad Graal-Müritz (4216 Einwohner) zum Landkreis Rostock; Fischland, Darß und Zingst gehören zu Vorpommern-Rügen.

Eiszeiten – Gletscher formten das Gesicht der Landschaft

Entscheidend geformt wurde die Landschaft Mecklenburg-Vorpommerns von nordischen Gletschern mehrerer Kaltzeiten (Glaziale). Auf ihrem Weg nach Süden nahmen die Gletscher gigantische Mengen Gestein und Erdreich auf und lagerten es in wärmeren Zeiten in diesem Bereich nach teilweise über tausend Kilometern Transportweg als sogenannte Moränen wieder ab. Erst die Anhäufung dieses im Durchschnitt hundert Meter mächtigen Glazialschuttes machte Mecklenburg-Vorpommern zum flachwelligen Festland. Anschließend gaben Wasser und Wind der Landschaft den „Feinschliff". Eine Abkühlung des Weltklimas um wenige Grad Celsius hatte ausgereicht, um in Nordeuropa eine flächige Inlandvereisung auszulösen, die in den Sommern nicht mehr abtaute. In den kältesten Zeiten wuchs die Eisdecke auf über drei Kilometer Dicke an. Unaufhaltsam dehnten sich riesige Gletscher aus und stießen erstmalig vor einer halben Million Jahren bis in das Gebiet des heutigen Mecklenburg-Vorpommern vor. Das Land war unter etwa tausend Metern Eis begraben. Nachgewiesen sind drei nach Flüssen benannte Kaltzeiten (Elster-, Saale- und Weichselglazial), in denen mächtige Eispanzer diesen Raum zumindest erreichten oder überfuhren und dadurch für Mecklenburg-Vorpommern zu Eiszeiten wurden. Interessant sind auch die ersten Deutungen der Entstehungsgeschichte dieser Landschaft. Man konnte es sich zunächst nicht erklären, wie die Steine (Findlinge) in die Landschaft gekommen waren, da kein Grundgebirge vorhanden war. Im Jahr 1774 erkannte der im Ruhestand in Neuenkirchen bei Anklam lebende Offizier von Ahrenswald die Ähnlichkeit der Gesteine und Fossilien mit denen in Skandinavien. Er schrieb: „Es ist also Schweden, oder eigentlicher zu reden, Gothland die wahre Heimat unserer Versteinerungen [...]", ohne zu ahnen, wie die Gesteine verfrachtet worden waren. Noch im 19. Jahrhundert glaubten einige Forscher, dass die riesigen Findlinge in der Landschaft von explodierenden Vulkanen zu uns geschleudert worden sind. Nach anderer Ansicht waren die Steine während einer nordischen Eiszeit im Meereis eingefroren und schwimmend an die Küste der südlichen Ostsee gelangt. Erst später entdeckte man, dass im Vorfeld heutiger Gletscher (zum Beispiel auf Island) die gleichen Ablagerungsformen wie in Norddeutschland vorkommen. Der schwedische Forscher Otto Torell wies überdies 1875 bei Berlin sogenannte gekritzte Gesteinsflächen nach, die nur von Gesteinsschutt herrühren konnten, der an der Basis gewaltiger Gletscher mit ungeheurem Gewicht über den anstehenden Fels geschrammt war. So wurde die Theorie der Eiszeiten begründet. Die Erkenntnis, dass riesige Inlandgletscher für den Materialtransport verantwortlich waren, verlangte tatsächlich eine Menge Fantasie und ist erst seit 100 bis 125 Jahren anerkannt. Sie setzte sich nur allmählich und nicht ohne Widerstand durch, was sich beispielsweise durch folgendes Zitat aus „Wilhelm Meisters Wanderjahre" von Goethe, 1829, illustrieren lässt:

„Zuletzt wollten zwei oder drei stille Gäste sogar einem Zeitraum grimmiger Kälte zu Hülfe rufen und aus den höchsten Gebirgszügen auf weit ins Land hingesenkten Gletschern gleichsam Rutschwege für schwere Ursteinmassen bereitet und diese auf glatter Bahn fern und ferner hinausgeschoben im Geiste sehen. Sie sollten sich, bei eintretender Epoche des Auftauens, niedersenken und für ewig in fremdem Boden liegenbleiben. [...] Diese guten Leute konnten jedoch mit ihrer etwas kühlen Betrachtung nicht durchdringen." Für die heutige Oberflächenform des südlichen Ostseegebiets war das Weichselglazial (von etwa 115 000 bis vor 10 000 Jahren) maßgeblich. Die älteren Moränen der Saale- und Elsterkaltzeit wurden nivelliert, und die sogenannten Jungmoränen abgesetzt. Aus dem Lockermaterial konnten sich in Verbindung mit dem Klima fruchtbare Böden entwickeln. Eine der letzten Gletscherzungen reichte quer über das Gebiet von Darß und Zingst bis hinter Barth. Mit dem Rückschmelzen und dem Zerfall des Eises blieb die Glaziallandschaft dem arktischen Klima weiterhin ausgesetzt. In trockenen Phasen wurden gewaltige Mengen des herantransportierten Sandes durch kalte Fallwinde zum Beispiel auf dem Darß zu Dünen und sogenannten Flugsanddecken umgelagert.

Küstendynamik – Landschaft in Bewegung

Die Nacheiszeit (Holozän) begann in Mecklenburg-Vorpommern vor etwa 10 000 Jahren. Der Meeresspiegel der Ostsee stieg allmählich an. Das Meer weitete sich etappenweise nach Süden aus – die Anstiegsgeschwindigkeit lag bei 12 bis 15 Metern pro Jahrtausend. Vor etwa 7500 Jahren erfolgte der Wassereinbruch in die Lübecker und Mecklenburger Bucht. 3000 Jahre vor Christus erreichte der Ostseespiegel das derzeitige Niveau. Tiefer liegende Bereiche im Küstengebiet wurden überflutet, sodass nur noch die höchsten Erhebungen der Jungmoränenlandschaft, die sogenannten Moränen- oder Inselkerne, aus dem Wasser ragten. Unmittelbar darauf begannen die bis heute andauernden (rezenten) Prozesse der Küstenentwicklung: Durch Wellen und Wind werden höher liegende exponierte Geschiebemergelflächen und Inselkerne von See her angeschnitten. Die bis über 20 Meter hohen Steilküsten sind quasi Schnittflächen eiszeitlicher Jungmoränen. Bei der stetigen Zurückverlegung der Kliffs bzw. Verkleinerung der Inselkerne wird durch den Wellenschlag eine große Menge sandiger Lockermassen aufbereitet und durch küstenparallele Strömung in benachbarte Buchten transportiert. Hier verliert das Wasser an Transportkraft und lagert Sand und Geröll, nach Größe geordnet, wieder ab. An vorspringenden Küstenpunkten entstehen daraus als erste Anlandungsformen Strand- oder Nehrungshaken. Diese können schließlich in Strömungsrichtung so weit wachsen, dass sie als Nehrungen Buchten abriegeln, die dadurch zu Strandseen oder Bodden werden. Dieser Mechanismus führt zur sogenannten Ausgleichs- bzw. Boddenküste, der typischen Form der mecklenburg-vorpommerschen Ostseeküste: Die ursprünglich zerlappte Nahtstelle zwischen Land und Meer wird begradigt. Dagegen behalten die vor Brandung abgeschirmten Boddenufer (Binnenküste) ihre verschlungene Küstenlinie. Die spezifische Entwicklungsgeschichte von Fischland, Darß und Zingst sowie die der Bodden kann dem Schaubild auf Seite 19 entnommen werden.

Entwicklung von Land und Meer im Bereich Fischland, Darß und Zingst

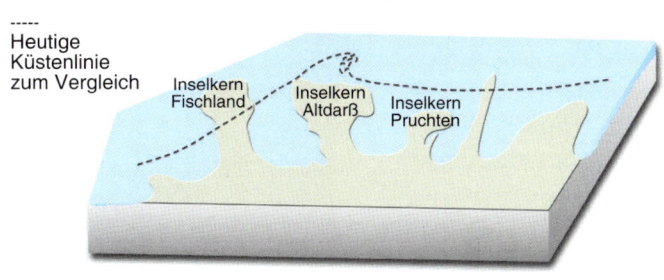

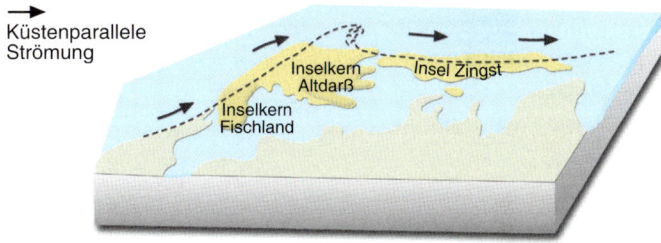

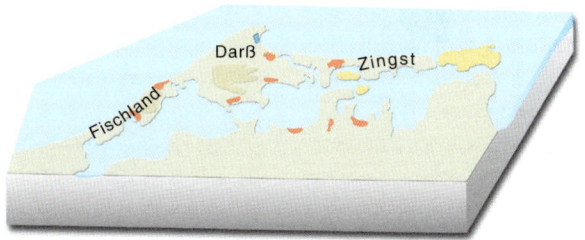

Oben: Vor ca. 7.000 Jahren überflutet die Ostsee die vom abschmelzenden Eis freigegebene Jungmoränenlandschaft. Die Inselkerne liegen noch isoliert voneinander, und die heutige Küstenlinie ist noch nicht zu lokalisieren.

Mitte: Fischland und Darß sind bereits durch die Prozesse des Küstenausgleichs miteinander verbunden. Darß und Zingst werden noch vom Prerowstrom getrennt.

Unten: Momentane Situation: die Außenküsten sind zusammengewachsen; am Darßer Ort setzt sich die Landbildung weiter fort.

(in Anlehnung an Wagenbreth & Steiner 1990)

Bodden

Zu den landschaftlichen Besonderheiten dieser Urlaubsregion
zählen die Bodden. So nennt
man Meeresbuchten an Flach-
küstenabschnitten mit zahlreichen Untiefen und einem unre-
gelmäßigen Umriss. Die Grund-
form der Boddenküste entstand,
als vor mehr als 6000 Jahren die
wellige Grundmoränenlandschaft
durch den nacheiszeitlichen
Meeresspiegelanstieg von der
Ostsee überflutet wurde. Im Küstensaum von Mecklenburg-
Vorpommern erstreckt sich dieser Küstentyp auf der Binnen-
seite der Inseln Rügen und
Hiddensee sowie der Halbinsel
Fischland, Darß und Zingst. Die
Darß-Zingster Boddenkette be-
deckt mit dem Saaler Bodden
(81 Quadratkilometer), dem Kop-
pelstrom (7,5 Quadratkilometer),
dem Bodstedter Bodden mit Mei-
ningen (24 Quadratkilometer),
dem Barther Bodden (43 Quadratkilometer), Grabow (42 Quadratkilometer) und der Barther
Zufahrt (4 Quadratkilometer)
eine Fläche von rund 181,5 Qua-
dratkilometern. Die flachen Gewässer – auf weiten Flächen sind
sie nur zwei bis vier Meter tief –

Die vor Brandung geschützte Boddenküste
mit ihrer verschlungenen Küstenlinie bietet
günstige Voraussetzungen für die Anlage
von Wasserwanderstützpunkten (oben:
Hafen Prerow) und kleinen Häfen (rechts:
Boddenhafen von Wieck).

besitzen alle eine Verbindung
zum Meer. Das Wasser ist dadurch zwar salzig, enthält aber in
Abhängigkeit von der Entfernung
zur offenen See mit Salzgehalten
zwischen 0,3 und 0,9 Prozent
weniger Salz als die Ostsee in
diesem Bereich (bis 1,8 Prozent).
An vielen Boddenufern bildet
sich ein mehr oder weniger brei-
ter Röhrichtgürtel (Schilf) heraus.
Ferner gehören naturnahe Salzweiden mit salztoleranten Pflanzen zum Landschaftsbild, die
ihre Entstehung einer jahrhun-

dertelangen Rinderbeweidung verdanken. Die geschilderten Umweltgegebenheiten bieten Brutvögeln einen idealen Lebensraum. Neben Graureihern und Höckerschwänen brüten hier auch Stockenten und zahlreiche Möwen. Auf den Salzweiden sieht man unter anderem einige Seeschwalbenarten, Austernfischer, Rotschenkel, Säbelschnäbler, Kampfläufer, Kiebitze, Sandregenpfeifer, Alpenstrandläufer, Uferschnepfen und Bekassinen. Außerdem zählt die Boddenküste zu den wichtigsten Vogelrastgebieten Europas (siehe Thema „Kraniche", Seite 132). Mit etwas

Glück kann man während einer Bootsfahrt im Bodstedter Bodden auch zwei Kegelrobben beobachten, die eigentlich in der Ostsee heimisch sind, sich aber vor mehreren Jahren bei Hochwasser hierher verirrten. Da im Bodden keine Berufsfischerei mehr betrieben wird, werden die beiden gefräßigen Exemplare geduldet – zumal sie auf der Roten Liste gefährdeter Arten stehen.

Geschichtliches auf einen Blick

Das Vineta-Museum in Barth hat sich mit hochwertigen Sammlungen, Exponaten und Sonderausstellungen zu einem kulturellen Mittelpunkt der Stadt entwickelt. Auch das überwölbte Kellergeschoss des denkmalgeschützten, um 1780 gebauten Hauses ist in den musealen Bereich mit einbezogen.

Geschichtliches auf einen Blick

Nach dem Verschwinden des Eises konnte das Leben in die Küstenregion zurückkehren. Zwei- oder dreitausend Jahre später dürften die ersten Jäger das tundraähnliche, unwirtliche Land aufgespürt haben. In der Jungsteinzeit (um 3500 v. Chr.) wurden die Jäger und Sammler zunehmend sesshaft und bildeten als Ackerbauern und Viehzüchter erste Siedlungsgemeinschaften. Aus dieser Zeit stammen die teilweise monumentalen Großsteingräber (Hünengräber). In der folgenden Bronzezeit etablierte sich mit den ebenfalls in der Landschaft gut sichtbaren Hügelgräbern bereits eine neue Bestattungsform. In der Zeit der Völkerwanderung zwischen 375 und 600 nach Christus war das Land dünn besiedelt. Die germanischen Stämme hatten die Gegend Richtung Süden verlassen. In den freien Raum wanderten von Osten her im 7. Jahrhundert Slawen (Wenden) ein. Ein halbes Jahrtausend lebten hier Obotriten, Wilzen und Ranen (auf Rügen). Als Großstamm von einem Fürsten regiert, siedelten sie in Waldgebieten an Seen und Flussläufen. Aus dieser Zeit datieren zahlreiche Wall- und Burganlagen, die an einigen Stellen noch rudimentär erhalten sind. Viele Orts- und Flurnamen stammen noch aus der Slawenepoche: Der Name Mecklenburg leitet sich von einer slawischen Fürstenburg ab, der „Michelenburg" (zuerst 995 bezeugt) südlich von Wismar (beim heutigen Dorf Mecklenburg). Pommern erhielt seinen Namen vom slawischen Wort „Pomorje" (Küstenland). Namen wie Wustrow, Prerow, Darß und Zingst sind ebenfalls slawischen Ursprungs. Der Obotritenfürst Niklot (gest. 1160) gilt als der Stammvater des Mecklenburger Fürstenhauses – sein Reiterstandbild steht vor dem Schweriner Schloss.

Im Zuge der Kolonisierung und kreuzzugartigen Christianisierung wurden die Slawen durch Herzog Heinrich den Löwen von Bayern und Sachsen (1129–1195) mit Hilfe des Dänenkönigs Waldemar I. (1131–1182) in der zweiten Hälfte des 12. Jahrhunderts endgültig unterworfen, und der Raum wurde für Siedler aus

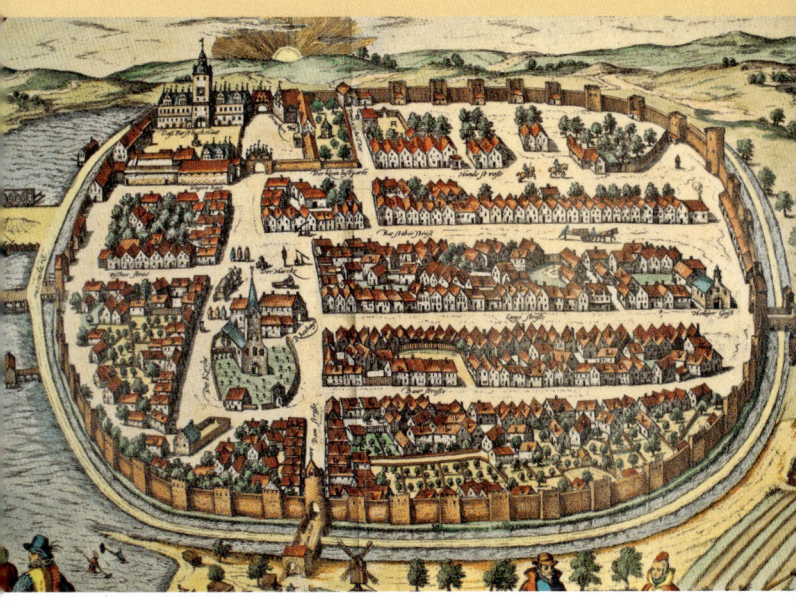

Stadtansicht von Barth Ende des 16. Jahrhunderts. Kolorierter Kupferstich von Braun & Hogenberg; Georg Braun (1541–1622), Frans Hogenberg (1535–1590).

westlichen Teilen des deutschen Reichs geöffnet. Darß und Zingst fielen an Rügen und später an Pommern, das Fischland an Mecklenburg. Bald folgte die Gründung von Städten, Grafschaften und Bistümern, und im Zuge der Christianisierung entstanden die großen Stadt- und vielen Dorfkirchen als weithin sichtbare Symbole des neuen Glaubens. Die Fürsten stifteten Klöster und statteten sie mit Sonderrechten und Ländereien aus: Der letzte Rügenfürst Witzlaw III. – er starb 1325 in Barth – schenkte dem Neuenkamper Zisterzienserkloster die Insel Hiddensee und verkaufte ihm im Jahr 1292 die Insel Zingst. Im Jahr 1323 stiftete der mecklenburgische Fürst Heinrich II. das St.-Klaren-Kloster von Ribnitz und schenkte dem Orden unter anderem das Fischland (bis 1669 in Klosterbesitz). Ende des 12. und Anfang des 13. Jahrhunderts standen Mecklenburg und Pommern unter dänischer Herrschaft, die jedoch mit der Schlacht bei Bornhöved in Holstein 1227 jäh beendet wurde.

Das im Stil des romantischen Historismus erbaute Schweriner Residenzensemble gilt aufgrund seiner malerisch reizvollen Anmutung als „Neuschwanstein des Nordens". Es war bis 1918 für viele Jahrhunderte Herrschaftsstandort der mecklenburgischen Groß- und Herzogsfamilie. Seit 1990 hat die Landesregierung von Mecklenburg-Vorpommern ihren Sitz in einem abgesonderten Teil des Schlosskomplexes. Ferner befindet sich hier das Staatliche Museum Schwerin. Seit 2014 ist das Schlossensemble deutscher Kandidat zum UNESCO-Welterbe.

Nur Rügen gehörte noch bis zum Jahr 1325 zu Dänemark. Von den verschiedenen Linien der 1348 von Kaiser Karl IV. (1316–1378) in die Reichsunmittelbarkeit erhobenen Nachkommen der ehemaligen Obotritenfürsten war 1440 nur die der Herzöge von Mecklenburg übrig geblieben. Im 16. Jahrhundert kam es in Schwerin und Güstrow zu einer Teilung; beide Mecklenburger Herzöge führten die Reformation ein. In Pommern verlor der Klerus ein paar Jahre später an Einfluss und Macht. Das St.-Klaren-Kloster in Ribnitz wurde nach der Säkularisierung in ein Damenstift umgewandelt, in dem die unversorgten Töchter des Landes eine Heimat fanden. Am Dreißigjährigen Krieg (1618–1648) nahmen die Mecklenburger an der Seite des Dänenkönigs teil. Dies hatte zur Folge, dass das Land im Jahr 1628 von Kaiser Ferdinand II. (1578–1637) an seinen Feldherrn Wallenstein (1583–1634) verpfändet wurde. Jedoch vertrieb der schwedische König Gustav II. Adolf (1594–1632) die kaiserlichen Truppen und setzte im Jahr 1631 die Herzöge wieder in Amt und Würden. Durch den Westfälischen Frieden von 1648 fiel das Land westlich der Oder mit Rügen und dem Darß an die Schwedische Krone. Das Land östlich der Oder kam an Brandenburg. Jetzt sprach man von Vor- und Hinterpommern. Im Jahr 1701 teilten die vom schwedischen König eingesetzten Herzöge nach Erbstreitigkeiten ihr Herrschaftsgebiet in ein westliches (Mecklenburg-Schwerin) und ein östliches Territorium (Mecklenburg-Strelitz). Pommern war bemüht, sich aus dem Dreißigjährigen Krieg herauszuhalten. Dennoch wurde es von den kaiserlichen Truppen und von den Schweden heimgesucht.

Im Jahr 1806 marschierten die Franzosen unter Napoleon I. (1769–1821) in Mecklenburg und Vorpommern ein und hielten es bis zu ihrer endgültigen Niederlage bei Waterloo (1815) besetzt. Durch die Napoleonische Konti-nentalsperre gegen England kam die in der zweiten Hälfte des 18. Jahrhunderts erblühte Ostsee-Segelschifffahrt für mehrere Jahre in große Bedrängnis. 1815 vereinigte Preußen alle pommerschen Länder zur Provinz Preußen.

Im Jahr 1820 wurde in Mecklenburg und Vorpommern die Leibeigenschaft aufgehoben, nicht jedoch die ständische Verfassung als Ausdruck der konservativen politischen und sozialen Verhältnisse. 1866/67 traten beide mecklenburgischen Herzogtümer dem Norddeutschen Bund und 1871 dem Deutschen Reich bei. Nach der Novemberrevolution (1918) konstituierten sich die Freistaaten Mecklenburg-Strelitz und Mecklenburg-Schwerin, die im Jahr 1934 zum Land Mecklenburg vereinigt wurden. Nach dem Ende des Zweiten Weltkriegs lagen Mecklenburg und Vorpommern im Bereich der sowjetischen Besatzungszone und wurden zum Land Mecklenburg-Vorpommern zusammengefasst. Aus den ehemaligen DDR-Bezirken Neubrandenburg, Rostock und Schwerin entstand nach der Wiedervereinigung das Bundesland Mecklenburg-Vorpommern mit der Landeshauptstadt Schwerin.

Natur und Naturschutz an der Ostsee

Verwunschener Winkel in den Waldungen
des Neudarß: Märchenhaft erscheinen die
Erlenbrüche und moorigen Tümpel, in denen Teichmolche und Moorfrösche ihren
Lebensraum haben.

Natur und Naturschutz an der Ostsee

Naturliebhaber fühlen sich in Mecklenburg-Vorpommern be- sonders wohl: Fast jeder fünfte Urlauber nutzt das Fahrrad als Hauptfortbewegungsmittel. Das Land hat darauf reagiert: Seit dem Jahr 1991 wurde zum Bei- spiel mit Fördermitteln in Höhe von rund 60 Millionen Euro ein umfassendes, 2300 Kilometer langes Fahrradwegenetz ausge- baut. Mittlerweile gibt es sieben beschilderte Radferntouren durch das Land sowie 21 thema- tische Rundwege. Die Schweriner Landesregierung ist ferner da- rum bemüht, die Tourismusent- wicklung so zu lenken, „dass eine nachhaltige Sicherung von Natur und Landschaft gewähr- leistet ist". Man möchte die re- gionalen und kulturellen Identitä- ten der einzelnen Regionen als wesentliche Grundlage für den Tourismus verstanden wissen. Von entscheidender Bedeutung für die positive Entwicklung der

Blick von der Hohen Düne bei Pramort auf den weiten, besucherfreien Strand, der sich bis ans Ende der Welt zu erstrecken scheint. Hier im streng geschützten Be- reich des Nationalparks Vorpommersche Boddenlandschaft bleibt die Natur sich selbst überlassen.

Tourismusbranche Mecklenburg- Vorpommerns war und ist die Einrichtung großräumiger Natio- nalparks. Sie garantieren einen ebenso erholsamen wie interes- santen Aufenthalt an der Ostsee- küste.

Nationalpark Vorpommersche Bodden-landschaft – „Tafelsilber der Einheit"

Mit der Einrichtung des National-parks Vorpommersche Bodden-landschaft wird seit 1990 das Ziel verfolgt, das naturräumlich hochwertige Gebiet großräumig naturschutzrechtlich zu sichern. Unmittelbar vor der politischen Wende in Deutschland wurde, von Naturschützern und Wissen-schaftlern der damaligen DDR vehement gefordert, das Groß-schutzgebiet zwischen Westdarß und Westrügen unter Einbezie-hung größerer Bereiche der Ost-see- und Boddengewässer mit einer Gesamtfläche von 786 Quadratkilometern auszuweisen. Der damalige Umweltminister Klaus Töpfer bezeichnete den Nationalpark als „Tafelsilber der Einheit". Im Herbst 1997 erhielt der Greifswalder Moorexperte Professor Dr. Michael Succow für sein Mitwirken als stellvertreten-der Umweltminister der letzten DDR-Regierung am Nationalpark-programm in Stockholm – als dritter Deutscher überhaupt – den Alternativen Nobelpreis.
Die Gesamtfläche des National-parks setzt sich aus 652 Qua-dratkilometern Wasserfläche (83 Prozent) und 134 Quadratkilome-tern Landfläche zusammen. Die Landfläche umfasst 63 Quadrat-kilometer Wald, 39 Quadratkilo-meter Grünland, 24 Quadratkilo-meter natürliche Flächen (Heide und Moor) und 8 Quadratkilome-ter sonstige Flächen. Die Erhal-tung, Pflege und Wiederherstel-lung der Leistungsfähigkeit des Naturhaushalts werden im Natio-nalpark durch vielfältige Renatu-rierungsmaßnahmen und ge-zielte Förderung der naturschutz-gerechten Grünlandnutzung gesi-chert. Dabei verfolgen die Verant-wortlichen für den Nationalpark ein Zwei-Zonen-Schutzkonzept: In der 143 Quadratkilometer gro-ßen Schutzzone I (Kernzone) sol-len die Naturvorgänge frei und möglichst unbeeinflusst ablau-fen. Die Kernzone ist frei von wirtschaftlicher Nutzung. Die Flä-chen der Schutzzone II (Pflege- und Entwicklungszone) sollen durch naturverträgliche Wirt-schaftsweisen langfristig in naturnahe Landschaften überge-hen oder durch besondere

Im Ökosystem der Boddengewässer spielen die Schilfflächen als Produzent großer Mengen Biomasse eine wichtige Rolle. Ihre Stabilität ist vom Salzgehalt des Wassers abhängig. Je süßer es ist, desto dicker sind die Halme.

Pflege- und Nutzungsformen in ihrer jetzigen Form erhalten bleiben. Die Ortslagen gehören nicht zum Nationalpark.

Die von der Nationalparkwacht angebotenen öffentlichen Führungen und Veranstaltungen sind im Nationalpark mittlerweile ein fester Bestandteil des touristischen Angebots und werden auch außerhalb der Hochsaison stark genutzt. Die Nationalparkverwaltung hat viele ausgeschilderte Rad- und Wanderwege eingerichtet sowie mehrere Kilometer lange Bohlenstege, 28 Aussichtsplattformen und Informationszentren aufgebaut.

Der Nationalpark wird durch das Nationalparkamt Vorpommern mit Sitz in Born verwaltet. Um die Nationalparkentwicklung mit den örtlichen Kreisen, Gemeinden, Vereinen und Verbänden abzustimmen, wurde im Jahr 1995 ein beratendes Kuratorium geschaffen.

Offizielle Internetpräsenz:
www.nationalpark-vorpommersche-boddenlandschaft.de

Küstenflora und -fauna

Da sich weite Bereiche der Darß- und Zingstküste als ehemalige Sperrgebiete lange Zeit vergleichsweise ungestört entwickeln konnten, gibt es hier zahlreiche Tier- und Pflanzenarten, die in anderen Regionen schon recht selten geworden sind. Zu den Besonderheiten der an die meist speziellen (salzigen) Umweltbedingungen des Küstensaums angepassten Flora gehört zum Beispiel die streng geschützte Stranddistel. Auch im Darßwald findet man mit den Orchideenarten Frauenschuh und Purpurknabenkraut streng geschützte Pflanzen. Ferner gibt es hier viele Farne, Moose und Flechten. Von den sehr zahlreichen Pflanzenarten, die parallel zur Küste in typischer Zonierung auftreten, können wir hier nur einzelne nennen. In vorderster Front am Strand (Spülsaum) wachsen neben einigen Meldearten Salzmiere, Salzkraut und Meersenf. Dahinter, auf den Strandwällen, stehen Rotschwingel, Schafgarbe, Strandroggen, Tatarenlattich, Echtes Labkraut, Mauerpfeffer und Meerkohl. Dorniges Strauchwerk wie Schlehe, Hundsrose, Weiß- und Sanddorn sind für die inaktiven Steilufer kennzeichnend. Für die Bodden sind mehr oder weniger breite Röhrichtgürtel sowie Bülte (Schilfinseln) charakteristisch. Von den aus beweideten Röhrichtflächen hervorgegangenen naturnahen Salzwiesen mit nahezu allen Pflanzenarten, die auch auf den Watten der Nordsee gedeihen, sind nur noch wenige Flächen verblieben. Sie wurden zu DDR-Zeiten durch Umwandlung in Grünland und Melioration (Bodenverbesserung durch künstliche Be- und Entwässerung zur nachhaltigen Ertragssteigerung) erheblich dezimiert.

Die für den Binnenländer zunächst auffallendsten Küstenvögel sind gewiss die Möwen. An der südlichen Ostseeküste gibt es fünf Möwenarten, die häufig vorkommen: Sturmmöwe, Lachmöwe, Silbermöwe, Heringsmöwe und Mantelmöwe. Während junge Möwen braungefleckt sind, tragen erwachsene Möwen immer ein helles Gefieder.

Die ebenfalls silbergrauen Seeschwalben unterscheiden sich von den mit ihnen verwandten

Die kleine Insel Oie im Barther Bodden ist eine Vogelparadies. Hier brüten bis zu 25 verschiedene Arten, darunter Austernfischer, Säbelschnäbler, Lach- und Silbermöwen, Brand- und Flussseeschwalben.

Möwen durch ihre schmaleren Flügel und den gegabelten Schwanz. Zudem tragen sie auf der Kopfplatte meist eine schwarze Kappe. Wenn sie gemeinsam mit Möwen auf Buhnen sitzen, sind sie auch an ihren kürzeren Beinen zu erkennen. Die Seeschwalben gehören zu den ausdauerndsten Langstreckenfliegern der Erde. An der Ostsee können wir Zwerg-, Fluss-, Küsten-, Brand- und Trauerseeschwalben beobachten. Die auffälligsten Vertreter der Watvögel (Limikolen) an der Ostseeküste sind Austernfischer, Kiebitz, Sandregenpfeifer, Großer Brachvogel, Uferschnepfe und Säbelschnäbler. Ferner trifft man noch Rotschenkel, Alpenstrandläufer und Bekassine. In den ufernahen Wäldern gibt es sogar Seeadlervorkommen. An den Steilküsten sind die Uferschwalben charakteristisch. Hier graben sie sich über einen Meter tiefe Wohnröhren in die Wände der Steilufer. Als Zugvogel ist diese Art allerdings nur in den Sommermonaten zu beobachten. Tausende Brutvögel in mehr als hundert Arten aus den Tundren Sibiriens und Skandinaviens rasten oder überwintern in der Boddenregion. Zeitgleich mit den Kranichen treffen Zehntausende Bläss- und Saatgänse, ferner Kanada- und Weißwangengänse ein.

Ostseeklima und Reisezeit

Die Großwetterlage liest sich so: Mecklenburg-Vorpommern liegt im Übergangsbereich vom atlantischen zum kontinentalen Klima, mit mäßig warmen Sommern und milden Wintern. Im Jahresmittel liegt die Temperatur bei 8 bis 8,6 °C. In der Küstenzone und im Bereich der Mecklenburgischen Seenplatte werden diese Werte überschritten. Die Klimaunterschiede sind gering, bedingt durch das flache Relief. Das Jahresmittel der Niederschläge liegt zwischen 500 und 660 Millimetern (Liter pro Quadratmeter). Doch das Fischland, der Darß und der Zingst genießen durch die Leelage (Windschattenlage) eine klimatische Sonderstellung: Die Luftmassen kommen im Regelfall von Westen, regnen sich über dem mecklenburg-vorpommerschen Binnenland ab und erreichen die Küste bereits relativ trocken. Verstärkt wird dieses Phänomen durch eine besondere Land- und Seezirkulation. Die Halbinsel zeichnet sich dementsprechend durch eine überdurchschnittlich hohe Zahl von Sonnentagen im Jahresmittel aus. Dass der Wetterbericht des Deutschen Wetterdienstes für die Region Regen meldet, während auf der Halbinsel kein Tropfen Wasser vom Himmel fällt, führte bei den einheimischen Ferienanbietern wegen des Ausbleibens von Tagesausflüglern schon wiederholt zu Unmut.

Es soll nicht verschwiegen werden, dass auch in der Sommersaison mit unbeständiger Witterung gerechnet werden muss, da stabile Hochdruckwetterlagen in diesem Zeitraum eher die Ausnahme als die Regel sind. Anorak und Gummistiefel sollten im Reisegepäck nicht fehlen.

Wer im Urlaub nicht auf Strandleben und Badespaß fixiert ist, wird der Ostseeküste mit ihrer Boddenlandschaft auch zu anderen Jahreszeiten viel abgewinnen können. Nur wer auch im Frühjahr und im Herbst oder gar im Winter in Mecklenburg-Vorpommern vorbeischaut, kann die ganze Vielfalt der Landschaft kennenlernen. Die wenigen Urlauber, die es dann an die Ostseeküste verschlägt, werden für ihr Interesse mit einer angenehmen Ruhe belohnt.

Ökosystem Ostsee

Die Ostsee – das Mare Balticum – ist ein kleines und flaches Nebenmeer der Nordsee ohne signifikanten Gezeiteneinfluss. Das durchschnittlich 52 Meter tiefe Gewässer ist nur über drei sehr schmale Meerengen zwischen den dänischen Inseln, dem dänischen Festland und Schweden mit der Nordsee verbunden. Ein vollständiger Wasseraustausch dauert deshalb etwa zwanzig bis vierzig Jahre. Aufgrund dieser Bedingungen ist die Ostsee faktisch ein isoliertes Binnenmeer und reagiert auf Schadstoffeinträge vergleichsweise empfindlicher als andere Meere. Die Folge ist, dass sich Umweltstoffe schneller und in größerer Zahl ansammeln. In den letzten Jahren sind zahlreiche Maßnahmen zum Schutz und zur Regeneration der Ostsee ergriffen worden. So wird zum Beispiel der Nährstoffeintrag durch Bau oder Modernisierung von Kläranlagen sukzessive verringert. Im Einzugsgebiet von Schleswig-Holstein konnte seit einigen Jahren eine deutliche Senkung der Belastungen erreicht werden. Auch in Mecklenburg-Vorpommern wurden zwischenzeitlich die Schad- und Nährstoffeinträge reduziert. Bei allen menschlichen Bemühungen, der Ostsee wieder Luft zu verschaffen, kann auch die Natur nachhelfen: Günstige klimatische Verhältnisse haben im Herbst 1994 gewaltige Mengen sauerstoffreiches Salzwasser aus der Nordsee bis in die zentrale Ostsee gedrückt und für eine gute Durchmischung selbst tieferer Schichten gesorgt. Auch wenn nur etwa ein Prozent des Meerwassers erneuert wurde, war dieser „Schwapp" aus der Nordsee Medizin für das Ökosystem Ostsee.

Wetter auf Fischland, Darß und Zingst
Monatliche Durchschnittswerte im Überblick
– langjähriges Mittel –

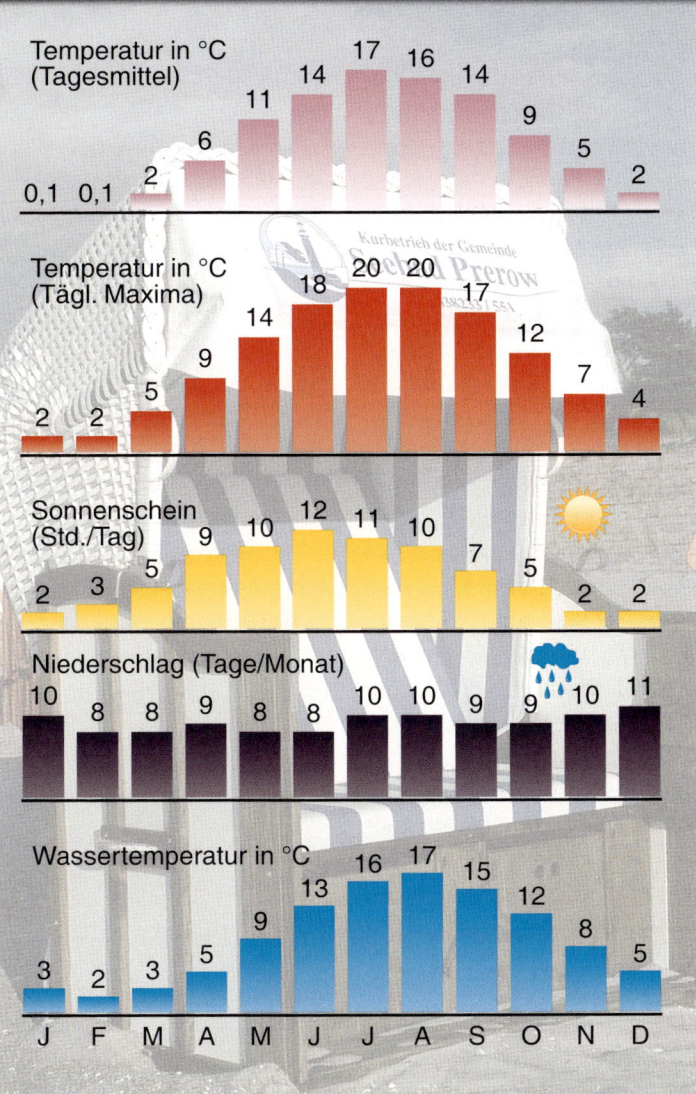

Badewasserqualität

Die Ostsee wird vom Landesamt für Gesundheit und Soziales (Tel. 0381/33159000) während der Saison (Mai bis September) alle vier Wochen nach EG-Richtlinien untersucht. Im Jahr 2014 wurde an der Ostseeküste zwischen Graal-Müritz und Zingst an 21 Probenahmestellen durchweg „ausgezeichnete Qualität" (drei Sterne) vorgefunden. Für die Boddengewässer von Fischland, Darß und Zingst (fünf Probenahmestellen) wurden „ausreichende" (ein Stern), „gute" (zwei Sterne) und ebenfalls „ausgezeichnete Badewasserqualitäten" beobachtet. Leider wird im Hochsommer für die Glöwitzer Bucht (bei Barth) gelegentlich ein Badeverbot ausgesprochen. Man sollte auch nicht vergessen, dass die Badewasserqualität nur wenig über den ökologischen Zustand eines Gewässers aussagt. Da kann es in einem Bericht durchaus heißen: „ausgezeichnete Badegewässerqualität" – „Ökologischer Zustand mäßig". Eine Badewasserkarte ist online verfügbar: www.badewasser-mv.de (auch als App) oder unter www.geoportal-mv.de.

Für den Bereich Fischland, Darß und Zingst ist das Gesundheitsamt Ribnitz-Damgarten zuständig: Tel. 03831/3570. Wer sich über die Badewasserqualität an den Stränden des Seeheilbads Graal-Müritz informieren möchte, wendet sich an das Gesundheitsamt Bad Doberan: Tel. 03843/75553000.

Die Ostsee(heil)bäder Graal-Müritz, Wustrow, Ahrenshoop, Prerow und Zingst sowie der Wasserwanderrastplatz Prerow und der Stadthafen Barth haben sich darüber hinaus im Jahr 2014 erfolgreich für die „Blaue Flagge" der Deutschen Gesellschaft für Umwelterziehung e. V. (Hagenower Straße 73, 19061 Schwerin, Tel. 0385/3993184, Fax 3993185, www.blaue-flagge.de) beworben. Die „Blaue Flagge" ist das erste gemeinsame Umweltsymbol, das für jeweils ein Jahr in über 50 (Stand 2014) Ländern weltweit (www.blueflag.org) vergeben wird. Neben der Badegewässerqualität werden „Umweltmanagement und Sicherheitsaspekte" sowie „Umweltinformation am Urlaubsort" geprüft.

Küstenschutz

Mit rund 1945 Kilometern Küs-
tenlänge bringt das Land Mecklenburg-Vorpommern den größten Anteil aller Bundesländer an
der Gesamtküstenlänge
Deutschlands ein. Die ganzjäh-
rige Uferbelastung durch Meeres-
kräfte führt dazu, dass sich zum
heutigen Zeitpunkt etwa 70 Prozent der mecklenburg-vorpommerschen Küste im natürlichen
Rückgang befinden.
Im Durchschnitt weicht die
Außenküste etwa 34 Meter pro
Jahrhundert zurück – Maximal-
werte erreichen bis zu 200 Meter
pro Jahrhundert. Wegen der glo-
balen Erwärmung und der Zu-
nahme der Sturmhäufigkeit und
-stärke wird von Klimaexperten
gar eine Verschärfung des Küs-
tenrückgangs prognostiziert. Das
Land möchte einen möglichst naturnahen und umweltverträg-
lichen Küstenschutz betreiben.
Das gelingt nicht immer. So muss
zum Beispiel vom Grundsatz,
Steilküsten als Materiallieferant
für die Flachküsten zu erhalten
und daher ihrem Rückgang nicht
entgegenzuwirken, abgewichen
werden, wenn durch Steilküstenabbruch schutzwürdige Bebau-

Das Hohe Ufer macht seinem Namen alle
Ehre: Die an manchen Stellen über
zwanzig Meter hohe Steilküste ist sozu-
sagen eine Schnittfläche eiszeitlicher Jungmoränen.

ung gefährdet ist. Der Maßnah-
menkatalog sieht folgende kos-
tenintensive Techniken vor: Wel-
lenbrecher, Kastenbuhnen,
Dünen mit Strandhaferbepflan-
zung, Küstenschutzwald und
Seedeichbau. Starke Sandver-

Mit zunehmender Übersandung und Festigung der Primärdünen entwickeln sich mit der Zeit die mehrere Meter hohen Weißdünen. Für ihren Aufbau und ihre Stabilität spielt neben anderen Pflanzen vor allem der Gewöhnliche Strandhafer eine wichtige Rolle.

luste im Strand- und Dünenbereich werden durch Strandaufspülung ausgeglichen. Zwischen 1991 und 2013 wurden vom Land Mecklenburg-Vorpommern 340 Millionen Euro in den Neubau und die Verstärkung sowie die Unterhaltung von Küstenschutzanlagen investiert. So wurden beispielsweise 14 Millionen Kubikmeter Sand aufgespült, mehr als 800 Buhnen und über 30 Kilometer Deiche neu gebaut oder verstärkt. Aktuell sind jährlich knapp 16 Millionen Euro für den Hochwasserschutz des Landes vorgesehen. Für die „Gesamtmaßnahme Sturmflutschutz/Renaturierung Ostzingst" (2006 bis 2013) mussten insgesamt rund 40 Millionen aufgebracht werden (siehe auch Seite 114). 70 Prozent der Küstenschutzausgaben sind Bundesmittel.

Pittoresker Ostseeblick mit der markanten Baumgruppe und den rohrgedeckten Katen am Hohen Ufer in Ahrenshoop. Der Blick gehört zu den schönsten und bekanntesten der südlichen Ostseeküste.

Die Kastenbuhnen am Küstenabschnitt vor Ahrenshoop haben eine lange Tradition. Die ersten wurden bereits vor mehr als hundert Jahren gerammt. Seit den 1930er-Jahren werden die Holzbuhnen vermehrt von der Holzbohrmuschel (Teredo navalis), auch Pfahlwurm genannt, befallen und zerstört. Im Laufe eines einzigen Sommers kann diese Muschelart die verwendeten Pfähle aus Kiefernholz völlig durchlöchern. Seit einigen Jahren werden an verschiedenen Strandabschnitten erstmals Buhnenreihen aus FSC-zertifizierten Tropenholz und Kunststoff erprobt. Mit der brasilianischen Plantagen-Tropenholzart Acariquara hoffen die Verantwortlichen, nun ein Material gefunden zu haben, das der Fresssucht der Pfahlwürmer widerstehen kann.

Das Fischland

Abendliches Farbenspiel an der Kliffküste des Fischlands. Das Hohe Ufer erstreckt sich von der Wustrower Seebrücke bis zum Ahrenshooper Grenzweg.

Das Fischland

„Blau liegt an einem Frühsommertag der Bodden mit seinen Buchten, in denen sich das gelbe Rohr vom letzten Jahr im leisen Ostwind wiegt. Blau breitet sich der unendliche Himmel aus, und über die fernen weißen Dünenstreifen im Westen schaut blau die See zu uns herüber. Die Luft ist klar, dennoch ist das Land von einem hauchfeinen Schleier umwoben; so haben die Farben keine Härte, keine Sättigung. Sie sind durchscheinend wie die ferne, stille Welt. [...], und doch ist die Welt so neu und unberührt, als käme sie soeben aus Gottes Hand." So beschreibt die in Berlin aufgewachsene Autorin Käthe Miethe (1893–1961) ihre Wahlheimat, das Fischland.

Zum Fischland zählt nur jener schmale Landstreifen, der sich zwischen dem alten Wustrower Hafen und dem Darßer Kanal auf einer Länge von fünf Kilometern erstreckt. Die Landzunge hat eine Breite zwischen 800 Metern bei Ahrenshoop und 2,5 Kilometern bei Wustrow. Die höchste Erhebung ist in Steilufernähe der Bakelberg (17,9 Meter). Auch wenn die alten Fischländer Wert darauf legen, festzuhalten, dass weder die Ribnitzer Stadtwiesen noch die Dörfer Dierhagen und Dändorf und vor allem nicht Ahrenshoop zu ihrer Heimat gehören, schlagen wir – genau wie die Ferienanbieter – die Ostseebäder Dierhagen und Ahrenshoop zum Fischland.

Spaziergang
Wustrow – zwischen Hafen und Seebrücke

Swante Wustrow („Heilige Insel"), nannten die slawischen Bewohner einst die 775 Jahre alte Siedlung am Permin und die Insel, für die sich der Name Fischland erst Ende des 16. Jahrhunderts durchsetzte. Der Permin, heute eine Bucht des Saaler Boddens, stellte noch bis zum Jahr 1395 eine Verbindung zwischen Ostsee und Bodden dar. Nicht die Landwirtschaft, sondern Fischfang und Seefahrt haben die Entwicklung des Ortes nachhaltig geprägt. In der Glanzzeit der Segelschifffahrt waren in Wustrow rund 240 Schiffe beheimatet. Nautische Kenntnisse wurden ab 1846 in der Großherzoglich-Mecklenburgischen Navigationsschule vermittelt. Nach 146 Jahren – zwischenzeitlich war die Schule zur Hochschule aufgewertet worden – erfolgte 1992 die wendebedingte „Abwicklung". Mit dem Niedergang der Ostsee-Segelschifffahrt in der zweiten Hälfte des 19. Jahrhunderts entdeckten die Wustrower den Fremdenverkehr als Erwerbsquelle. Im Jahr 1881 sollen die ersten Feriengäste im Ort empfangen worden sein. Das heutige

Ursprünglich als Nebelstation gebaut, ist das Leuchtfeuer südlich von Wustrow für die Sicherheit des Schiffsverkehrs wichtig. Vor diesem Küstenabschnitt war es in der Vergangeheit häufiger zu Schiffsstrandungen gekommen.

Ostseebad Wustrow zählt mit dem Ortsteil Barnstorf rund 1300 Einwohner und ist damit die größte Gemeinde auf dem Fischland.
Wir beginnen unseren Ortsrundgang am Hafen (Parkplatz). Hier kann man unter anderem liebevoll restaurierte Zeesboote bewundern oder eine Zeesbootsfahrt starten.

Zeesboote

„Ihre braunen Segel gehören zum Bodden wie das Schilf und die Schwäne", weiß der Regionale Fremdenverkehrsverband Fischland, Darß, Zingst e. V. zu berichten. Gemeint sind die Zeesboote oder Zeesenboote (Zeese: Schleppnetz), die traditionellen Segelschiffe der mecklenburg-vorpommerschen Boddengewässer. Um die Wende vom 19. zum 20. Jahrhundert waren ca. 300 Zeesboote registriert. Heute sind es noch 104. Davon befinden sich 72 unter Segeln. Wichtig für die flachen Boddengewässer und charakteristisch für das hölzerne Boot ist der automatisch auftreibende Kiel (Grundbalken). Mit dem Jahr 1986 wurde die Zeesbootfischerei offiziell eingestellt. Heute werden die Boote von Liebhabern restauriert und gepflegt. Manche Bootseigner laden zu Kurztouren und Tagesfahrten ein. Häufig stehen dann an Bord auch Ferngläser für die Fahrgäste bereit. Ferner liegt bei einigen an Bord Literatur über Zeesboote aus. Die meisten Boote sind in den Häfen von Bodstedt, Wustrow, Althagen und Ribnitz-Damgarten beheimatet. Mitfahren in Zeesbooten ist aber auch von den Häfen in Born, Dierhagen, Wieck und Zingst möglich. Ein außergewöhnliches Schauspiel ist es, wenn sich fünfzig oder mehr Boote unter vollen Segeln zu einer Regatta versammeln. Dieses Bild bietet sich dem Boddengast während des Sommers und im frühen Herbst an verschiedenen Orten entlang der Boddenküste. Infoseiten: www.braunesegel.de

Zees- oder Zeesenboote sind die typischen Fischerboote der Boddenlandschaft. Mit ihnen lassen sie die flachen Gewässer befahren und sie können leicht ans sandige Ufer gezogen werden. Typisch sind auch die braunen Segel, die traditionsbewusste Schiffseigner setzen, wenn sie mit ihren Zeesbooten unterwegs sind.

Von Wustrow, in alten Zeiten wohlhabender Heimathafen Hunderter Segler, starten Ausflugsdampfer wie der „MS Boddenkieker" und auch Zeesenboote zu Rundfahrten, vorwiegend auf dem Saaler Bodden.

Neben den Zeesbootsfahrten beginnt und endet hier auch die große Boddenrundfahrt des Fahrgastschiffes „MS Boddenkieker". Mit der Schifferwiege steht am Hafen eines der ältesten Häuser des Ortes.

Bereits vom Hafen zu sehen ist die auf einem alten slawischen Burgwall thronende Dorfkirche – unser nächstes Ziel. Ein älteres Gotteshaus aus Feldsteinen aus der Mitte des 14. Jahrhunderts wurde hier im Jahr 1873 durch den neugotischen Backsteinbau ersetzt. Die Kirche ist zur Andacht und Besichtigung geöffnet.

Der Besucher wird mit dezenter Musik aus den Kirchenlautsprechern empfangen. Die Besteigung des Kirchturms (kleine Spende erbeten) sollte man sich nicht entgehen lassen. Eine steinerne Wendeltreppe und eine abgewetzte Holztreppe führen durch den restaurierten Turm zu einem Umgang in 18 Metern Höhe. Der Aufstieg wird mit einem weiten Blick über Bodden, Land und offene See belohnt. Hier übten einst die Schüler der Navigationsschule. Hinter der Kirche laden Sitzgelegenheiten zum Verweilen ein.

O S T S E E

N

250 m

Seebrücke

Wustrow

Friedhof

Strandstraße

In der Seestraße

Strandstraße

Direktor-Schütz-Weg

Strandstraße

Thälmannstraße

Neue Straße

Fischlandhaus

Lindenstraße

i

Kuhleger

Neue Straße

Hafen-
straße

Dorfkirche

Start

Hafen

P e r m i n

Das 250 Jahre alte Fischlandhaus in Wustrow (Neue Straße 38) ist eine ehemalige
Büdnerei und ein anschauliches Beispiel
für die heimische Tradition des Hausbaus.
Heute beherbergt es die Gemeindebibliothek und eine Galerie mit wechselnden
Ausstellungen.

Wir verlassen den Kern des alten
Wustrow und wandern in die
Neue Straße. Vorbei an alten
rohr-(reet-)gedeckten Katen und
Büdnerhäusern (Büdnerei: Klein-
bauernhaus) führt uns der sandige Weg durch den malerischs-
ten Teil des Dorfes. Am nördlichen Ende der Neuen Straße
(Nr. 38) treffen wir auf der rech-
ten Straßenseite auf das Fischlandhaus, das aus einer mehr als
250 Jahre alten Büdnerei hervorgegangen ist. Das Gebäude wird
heute für Wechselausstellungen
und als Gemeindebibliothek genutzt (Tel. 038220/80465). Der
Friedhofsweg am Ende der
Neuen Straße führt zum romantischen Friedhof im Nordosten
Wustrows. Hier hat neben Vertre-
tern der Ahrenshooper Künstlerkolonie wie dem Malerehepaar

Dora Koch-Stetter (1881–1961)
und Fritz Koch-Gotha (1877–
1956) auch die Schriftstellerin
Käthe Miethe ihre ewige Ruhestätte gefunden.
Über den Friedhofsweg und die
Thälmannstraße gehen wir nun
in die Strandstraße. Die breite
Straße mit den großzügig ange-
legten Pkw-Parkbuchten führt
uns direkt zur Seebrücke, auf der
wir in gut vier Metern Höhe über
der Ostsee flanieren können. Auf
dem Weg dorthin kommen wir an
der denkmalgeschützten Seenot-
rettungsstation von 1812 und
einem Zeltkino (Sommerkino,
Tel. 038220/80196) vorbei, das
hier schon zu DDR-Zeiten betrieben wurde. Am Anfang der Seebrücke informiert eine auf einem
Granit befestigte Plakette über
alle wesentlichen technischen
Daten dieses maritimen Bau-
werks.

Tonnenabschlagen

Das Tonnenfest ist ein volkstüm-
liches Reiterspiel, bei dem ein an
Seilen befestigtes, altes Herings-
fass aus vollem Galopp mit
einem Knüppel abgeschlagen
werden muss. „Tonnenkönig" ist,
wer den letzten Splitter ab-
schlägt. Das Ereignis kann auf
eine sehr alte Tradition zurück-
blicken, deren Wurzeln vermutlich in der Zeit der Schweden-
herrschaft zu suchen sind. Die
Fischer waren damals verpflich-
tet, mit Heringen gefüllte Tonnen
in den Häfen bereitzustellen, wo
sie dann von schwedischen
Schiffen abgeholt wurden. Als
diese Zwangsabgabe mit dem
Ende der Schwedenzeit entfiel,
sollen die Fischer aus Freude
darüber das letzte, noch leere
Fass zerschlagen haben.
Nach dem sportlichen Teil geht
die Veranstaltung abends mit
dem sogenannten Tonnenball
weiter.

Das sogenannte Tonnenabschlagen ist
einer der bedeutendsten und reizvollsten
Bräuche der Region.

Das Fest findet auf Fischland,
Darß und Zingst an mehreren
Orten zu unterschiedlichen
Terminen statt:

Ahrenshoop: 3. Sonntag im Juli
Born: 1. Wochenende im August
Dierhagen: 2. Samstag im August
Prerow: 4. Wochenende im Juli
Wieck: 4. Sonntag im Juni
Wustrow: 2. Sonntag im Juli

Spaziergang
Unterwegs in Ahrenshoop

„Es geht einem ja selbst so, dass man sich mitunter die Frage stellt, was eigentlich an diesem kleinen Ahrenshoop so Besonderes sein mag, woher der Zauber kommt, dem alle Menschen dort unterliegen und dem man selbst auch immer wieder verfällt. Die Antwort ist im Grunde eindeutig und kurz: Ahrenshoop hat Atmosphäre. Es hat eine eigene, mit keiner anderen Landschaft, keinem anderen Dorf oder Bad vergleichbare Atmosphäre, die die Menschen unmittelbar ihrem Alltagsleben entrückt und sie völlig zu wandeln vermag. Ahrenshoop besitzt einen unwägbaren, unmessbaren, ja, einen nicht beschreibbaren Scharm." Auf einem Spaziergang von rund 2,5 Kilometern wollen wir versuchen, etwas von der von Käthe Miethe Ende der 1940er-Jahre beschriebenen Atmosphäre einzufangen. Ferner werden wir die wichtigsten Sehenswürdigkeiten der einstigen Künstlerkolonie Ahrenshoop (ca. 730 Einwohner) aufsuchen. Wer noch etwas weiter wandern möchte, kann die Tour in das Naturschutzgebiet Ahrenshooper Holz ausdehnen.

Perfekt vorbereitet auf den Rundgang durch den Künstlerort werden wir im 2013 eröffneten Kunstmuseum Ahrenshoop. Neben einer ständigen Ausstellung, die insbesondere die mehr als 120-jährige Historie des Künstlerortes repräsentiert, sind verschiedene Wechselausstellungen zu sehen. Daneben locken zahlreiche Veranstaltungen (darunter auch Filmabende) in den tollen Gebäudekomplex.

Am südlichen Ortseingang, am Grenzweg, verlassen wir das Fischland und Mecklenburg und betreten den Vordarß und Vorpommern. Im Ort existiert ein historischer Grenzpfahl der jahrhun-

Der Blick auf den langen Sandstrand in Ahrenshoop ist einer der schönsten und bekann-testen in Mecklenburg-Vorpommern. Doch die Idylle ist durch den natürlichen Küstenrück-gang gefährdet. Buhnensysteme sollen den Steilküstenabbruch abschwächen.

dertealten Grenze zwischen Mecklenburg und Schwedisch Pommern. Ahrenshoop taucht als „Arneshop" zwar bereits in der zweiten Hälfte des 14. Jahrhun-derts in den Urkunden auf, eine Besiedlungsverdichtung fand aber erst Mitte des 18. Jahrhun-derts statt – bei der schwedi-schen Landvermessung von 1696 hatte Ahrenshoop nur zwei Wohnstellen. Zum heutigen Ost-seebad gehören seit 1950 auch die beiden südlich vorgelagerten Rodungsdörfer Althagen und Nie-hagen.

Wir biegen von der Hauptstraße links in den Grenzweg (neue Strandpromenade) und gehen wenige hundert Meter bis zum Hohen Ufer, dem Steilufer, das sich südlich des Ortes am Meer entlangzieht. Ungefähr von hier aus erblickte der Maler Paul Müller-Kaempff im Jahr 1889, von Wustrow kommend, das be-schauliche Ahrenshoop. Mit der

Das durch Stiftung und Verein betriebene Privatmuseum, das Kunstmuseum Ahrenshoop, wurde 2013 eröffnet. Die Ausstellungen spiegeln die 120-jährige Geschichte des Künstlerortes Ahrenshoop wider. Die Sammlung zeigt die Werke der dort schaffenden Maler – u. a. Dauerausstellungen mit Werken von Elisabeth von Eicken und Paul Müller-Kaempff.

Szene des großen Windflüchters vor Augen, können wir die Entzückung des Künstlers heute nur erahnen: „Gelegentlich einer Wanderung am Hohen Ufer lag plötzlich, als wir die letzte Anhöhe erreicht hatten, zu unsern Füßen ein Dorf: Ahrenshoop. [...] Kein Mensch war zu sehen. Die altersgrauen Rohrdächer, die grauen Weiden und grauen Dünen gaben dem ganzen Bilde einen Zug tiefen Ernstes und vollkommener Unberührtheit. [...]

Nirgends ein öder Nützlichkeitsbau mit Pappdach, nichts, was den Gesamteindruck störte; die Dorfstraße sehr breit und sandig, kein Drahtzaun, keine Reklametafel. [...] Das war ein Studienplatz, wie ich ihn mir immer gewünscht hatte."

Künstlerkolonie Ahrenshoop –
„Das Worpswede der Ostsee"

Das unvergleichliche Zwielicht zwischen Bodden auf der einen Seite und der offenen See auf der anderen Seite, die Weite des Himmels, das Spiel der Wolken und vor allem der Reiz der Weltabgeschiedenheit sind einige Gründe dafür, dass sich Ahrenshoop mit Beginn der 1890er-Jahre durch die Ansiedlung zahlreicher Maler zu einer sogenannten Künstlerkolonie entwickelte. Bereits um die dann folgende Jahrhundertwende wurde „dat povere Dörp", dem bis dato niemand besondere Aufmerksamkeit geschenkt hatte, in Reiseführern als „das Worpswede der Ostsee" gepriesen.

Die mit der industriellen Revolution einhergehende Verödung der Städte trieb die Künstler Ende des 19. Jahrhunderts aufs Land. Abseits der Ateliers und klassischen Schulen suchten sie Licht und Farben der Natur und den Gedankenaustausch mit Gleichgesinnten. Neben Ahrenshoop waren zum Beispiel Pont-Aven und Le Pouldu (Bretagne), Skagen (Dänemark) und eben Worpswede (bei Bremen) solche Treffpunkte.

Paul Müller-Kaempff (1861–1941) war 1892 der erste Maler, der sich in Ahrenshoop wohnlich niedergelassen hatte und insofern als Begründer der Künstlerkolonie gilt. Bereits zwei Jahre später beherbergte seine professionelle Malschule im „Haus Lukas" vierzehn Malschülerinnen. Weitere Malerinnen und Maler folgten, mieteten oder kauften sich in alten Fischerkaten und Büdnereien ein und stellten ihre Staffeleien am Hohen Ufer, im Darß und am Bodden auf: „Stets brachten wir Ölfarbenflecke an unseren Kleidern nach Haus, denn wohin man sich setzte, überall hatte irgendein Maler seine Palette oder seine Pinsel abgewischt", erinnerte sich Käthe Miethe. Um die Jahrhundertwende lebten schon 16 Künstler in dem kleinen Dorf: Anna Gerresheim, Elisabeth von Eicken, Carl Marchim, Fritz Wachenhusen, Fritz Grebe, Martin Körte und Hugo Richter-Lefensdorf gehörten zur ersten Ahrenshooper Künstlergeneration. Mit den Malern kamen andere bekannte und weniger bekannte Künstler, Schriftsteller,

Der Kunstkaten von Ahrenshoop wurde 1909 von den Malern Paul Müller-Kaempff und Theobald Schorn gegründet, um Künstlern vor Ort eine Ausstellungsmöglichkeit zu verschaffen.

Theaterleute und Sänger in das kleine Ahrenshoop. Die Einheimischen begegneten dem plötzlichen bunten Treiben in ihrem kleinen Dorf mit Skepsis und teilweise beißendem Spott. Insbesondere über die „Malweiber", die in Weiß gekleideten und mit großen Hüten beschatteten Malschülerinnen, machte man sich lustig. Der Maler und Plakatkünstler Edmund Edel fand gar eine „wissenschaftliche" Bezeichnung: gallina pictor communis Ahrenshoopiensis – das „gemeine Ahrenshooper Malhuhn".

In der Blütezeit der Künstlerkolonie wurde 1909 mit dem Ahrenshooper Kunstkaten eine gemeinsame Stätte von Künstlern und Kunst-Käufern errichtet. Mit dem Beginn des Ersten Weltkriegs löste sich die Künstlerkolonie, die im Gegensatz zu Worpswede keine stilbildende Schule entwickeln konnte, auf. Es hatten ihr mehr als sechzig Künstler angehört. Heute leben und arbeiten etwa zwanzig Kunstschaffende in dem Ostseebad, das der Vereinigung der europäischen Künstlerkolonien „Euro-Art" angehört.

Nachdem wir den wunderbaren Ausblick über das Meer und die Buhnen genossen haben – die Einkehr in das fantastisch am Kliff gelegene Café Buhne sollte man schon jetzt in Betracht ziehen –, gehen wir den Grenzweg ein Stück zurück und biegen bald linker Hand in den schmalen Niemannsweg ein. Dieser führt uns zum Weg Am Strom. Hier zerstörten Rostocker Truppen im Jahr 1395 einen gerade fertiggestellten Wehrturm einer noch in Bau befindlichen Burg des pommerschen Herzogs Bogislaw VI. Ferner leiteten die keine Handelskonkurrenz duldenden Hansekaufleute die Versandung der bis hierhin schiffbaren Passage zwischen Bodden und Ostsee ein. Der Strom, historisch „de Loop", ist die naturräumliche Grenze zum höher gelegenen eiszeitlichen Inselkern des Fischlands. Etwas weiter nördlich treffen wir auf die Kurverwaltung. Wir folgen rechts dem Kirchnersgang zur Dorfstraße, in die wir nach links einbiegen. Das Haus Dorfstraße 18 gehörte Paul Müller-Kaempff. Es wurde 1892 erbaut. Nach kurzer Strecke stoßen wir links auf den Strandweg. Hier finden wir mit der Bunten Stube und dem Kunstkaten die bekanntesten Gebäude des Ortes.

Ein Zentrum für Kommunikation und Kunst: die traditionsreiche Bunte Stube in Ahrenshoop.

Die Bunte Stube (Dorfstraße 24), im Juli 1922 von Martha Wegscheider (1882–1965) und ihrem Lebensgefährten, dem Grafiker Hans Brass (1885–1959), eröffnet, macht ihrem Namen alle Ehre. Der eigenwillig geschwungene Holzbau im Bauhausstil ist außen rot und innen gelb gestrichen. Aber auch die „Inhalte" sind bunt: War die Bunte Stube zunächst eher eine Art Dienstleistungsbetrieb mit Lesestube, Frisiersalon und Taxiservice, konzentrierte man sich später vorzugsweise auf Darbietung und Verkauf von Kunst und Kunsthandwerk, Buchhandel und Antiquariat. Heute gilt die Bunte Stube als ein Zentrum für Kommunikation und Kunst. Sie ist bereits in der dritten Generation in Familienhand und wird heute von Andreas Wegscheider (Jahrgang 1955) geführt.

Dramatische Stimmung im Althäger Hafen von Ahrenshoop im gleißenden Gegenlicht der aufsteigenden Sonne.

Um zum Ahrenshooper Kunstkaten zu gelangen, müssen wir nur ein paar Schritte in den Strandweg hineinspazieren. Das auffällig leuchtend blau getünchte Gebäude (siehe Seite 56) wurde in der Blütezeit der Künstlerkolonie im Stil eines Fischerkatens von den Malern Paul Müller-Kaempff und Theobald Schorn als Ausstellungspavillon für die Ahrenshooper und Fischländer Maler erbaut und am 11. Juli 1909 feierlich eingeweiht. Es sollte als Vorbild für künftiges Bauen und Wohnen in Ahrenshoop dienen. Im Jahr 1919 wurde der Kunstkaten als Wohnhaus verkauft und diente bis zum Ende des Zweiten Weltkriegs unter anderem als privater Sommersitz. Seither wird es von der Gemeinde (heute namentlich von der Kurverwaltung) für Ausstellungen, Lesungen und andere Veranstaltungen genutzt. Unterbrochen wurde diese Tradition durch ein verheerendes Feuer im Jahr 1974, das den Dachstuhl komplett zerstörte. Die Sanierung mit einem Anbau für Garderobe und Werkstatt konnte erst im Mai 1977 abgeschlossen werden. Nach umfangreicher Renovierung wurde das Haus am 13. Juli 2001 zum dritten Mal wiedereröffnet.

125 m

OSTSEE

NSG
Ahrenshooper
Holz

Dorfstraße

Schifferberg

Schifferkirche

Paetowweg

V o r d a r ß

Strandweg

Ahrenshoop

Kirchnersgang

Am Strom

Grenzweg

Hohes Ufer

Dorfstraße

Weg zum Hohen Ufer

Start

Saaler
Bodden

Hafen

Die kleine Schifferkirche von Ahrenshoop verbindet traditionellen Baustil mit der Kreativität ortsansässiger Künstler.

Nun gehen wir zurück zur Dorfstraße, folgen dieser ein Stück nach Norden und biegen rechts in den Paetowweg ein. Hier begegnet uns mit der reetgedeckten Schifferkirche ein wahres architektonisches Kleinod. Einheimische Handwerker errichteten das Kirchlein in den Jahren 1950/51 in Form eines kieloben liegenden Bootes nach Plänen des Architekten Hardt-Waltherr Hämer (1922–2012). Große Teile der Innengestaltung (Kanzel, Taufstein und Altarrückwand) wurden von der Ahrenshooper Bildhauerin Doris Oberländer-Seeberg (1903–1989) aus dem Stamm jener riesigen Pappel gefertigt, die dem Kirchenbau weichen musste. Beachtenswert sind auch vier Votivschiffe, die von dem Ahrenshooper Kapitän Heinrich Voss (1865–1963) gestiftet wurden. Während der Saison finden in der Protestanten und Katholiken gleichermaßen offenstehenden Kirche häufig „literarisch-musikalische

Abende" statt. Der kleine Glockenturm an der Südseite des Gebäudes stammt von 2005, die neue Wegscheider-Orgel von 2013. Hinter der Kirche, am Rande des Schifferbergs, liegt der im Jahr 1872 angelegte Ahrenshooper Schifferfriedhof. Beim Gang über den denkmalgeschützten „Gottesacker" entdeckt der aufmerksame Besucher neben zahlreichen Namen von Persönlichkeiten aus Kultur und Kunst auch schöne, sehr alte Kapitänsgrabsteine. Von Mitgliedern der einstigen Malerkolonie sind nur noch die drei Grabstellen von Bertha Gerresheim, Elisabeth Edle von Paepke und Friedrich Wachenhusen erhalten. Relativ neu ist die Ruhestätte des Architekten der Schifferkirche. Der Träger des Bundesverdienstkreuzes lebte ab 2005 in Ahrenshoop. Vis-à-vis dem Friedhof befindet sich das älteste Anwesen Ahrenshoops, der Paetowsche Hof, der aus einem Heidereiter- oder Försterhof des 17. Jahrhunderts hervorgegangen ist.

In der Straße Schifferberg 24 verschwand im September 2008 nach fünfzehn Jahren des Leerstands die unansehn-

liche Ruine des Ahrenshooper Kurhauses, dessen Geschichte 1893 als Haus Bogislav begann und das zu DDR-Zeiten als Erholungsheim diente. An dieser exponierten Lage entstand nun mit dem Hotel „THE GRAND Ahrenshoop" ein 5-Sterne-Haus der Extraklasse.

Wer den Rundgang mit einem Spaziergang im Ahrenshooper Holz ausklingen lassen möchte, geht durch die Straße Schifferberg weiter – rechter Hand stehen hier einige Häuser von Mitgliedern der Malerkolonie – zurück zur Dorfstraße und stößt rechts bald auf einen Zugang (Höhe Strandübergang Nr. 5) ins gleichnamige Naturschutzgebiet. Hierbei handelt es sich um einen rund 54 Hektar umfassenden und seit dem Jahr 1961 geschützten Laubwald mit dem größten Bestand an wildwachsenden Stechpalmen (Ilex) in den neuen Bundesländern.

Wanderung
Von Ahrenshoop zur Wustrower Seebrücke und zurück

Entfernung: ca. 7,5 km;
Wanderdauer: 2,5 Stunden

Die nun folgende Streckenbeschreibung wird knapp ausfallen, da die Tour sowohl auf dem Hin- als auch auf dem Rückweg immer an der Küste entlangführt. Die beschilderte Hochuferwanderung beginnen wir am Ende des Grenzweges (Café Buhne). Man kann häufig direkt an der Kliffkante in rund neun Metern Höhe laufen – Vorsicht: Abbruch- und Absturzgefahr – oder ein paar Meter entfernt hinter einer Windschutzhecke. Die linker Hand liegende Ferienhaussiedlung („Millionenhügel") entstand ab den 1960er-Jahren. Die überwiegend rohrgedeckten Häuser sind mehr oder weniger dem Fischlandstil nachempfunden. An den Strandübergängen 14 und 15 bieten Holztreppen die Möglichkeit, direkt ans Wasser zu gelangen. Vom Kliffuß kann man dann wunderbar die Uferschwalben beobachten. Hier graben sie sich über einen Meter tiefe Wohnröhren in die Wände des zu etwa zwei Dritteln aus Geschiebemergel und

Der Radwanderweg auf dem Hochwasserschutzdeich zwischen Ahrenshoop und Niehagen führt am verschilften Bodenufer entlang. Der Weg ist ein Abschnitt des Europäischen Radwegs E9, der vom Atlantik bis zur Nordspitze Rügens reicht.

etwa zu einem Drittel aus Sand bestehenden Steilufers. Als Zugvogel ist die Uferschwalbe allerdings nur in den Sommermonaten auf der Halbinsel zu beobachten. Ein weiterer Wanderweg macht einen kleinen Abstecher landeinwärts zum knapp 18 Meter hohen Bakelberg. Der Umweg dorthin wird mit einem prächtigen Panorama-Blick zur Ostsee

O S T S E E

Mecklenburger Bucht

Hohes Ufer

Start

Ahrenshoop

Althagen

Hafen

Bakelberg

Niehagen

N

500 m

Balenbrink

Seebrücke

Wustrow

Hafen

Barnstorf

Permin

Saaler Bodden

Der Geröll- und Blockstrand mag die Wucht der anrollenden Wellen zwar mildern, kann aber nicht verhindern, dass das Meer beständig an der Fischländer Küste nagt und Jahr für Jahr ein Stück aus dem Hohen Ufer herausreißt.

und zum Bodden belohnt. Bevor wir bald mit der 250 Meter langen und im Jahr 1993 eröffneten Seebrücke an der Flachküste von Wustrow den Wendepunkt dieser Wanderung erreichen, entdecken wir südlich vom Bakelberg noch Reste eines Bunkers der ehemaligen Nationalen Volksarmee (NVA).

Der Rückweg nach Ahrenshoop kann über den Geröllstrand unterhalb des Hohen Ufers führen. Hier lohnt immer ein Blick auf die Gesteine: Granite in allen Farben, Quarze, Porphyre, Gneise und bunter Sandstein wollen gefunden, bestimmt und/oder fotografiert werden. Wer diese hübschen Gesteine am Strand ablichten möchte, sollte sie vorher anfeuchten, um so die Farbintensität der Gesteinsoberfläche zu erhöhen.

Seebrücken – der Stolz der Ostseebäder

Sie wirken mondän, nobel und wichtig. Die Seebrücke eines Ostseebads ist Schiffsanleger, Treffpunkt und Promenade zugleich. Kaum jemand kann sich der Faszination jener schlichten Holzstege entziehen, die teilweise mehrere hundert Meter weit ins Meer hinausreichen und Mittelpunkt jedes abendlichen Strandbummels bilden. Die ersten Seebrücken wurden bereits vor über hundert Jahren in den Ostseebädern aufgestellt, ursprünglich als Landungsstege für den Bäderschiffsverkehr an der flachen Ostseeküste, später mehr und mehr als Vergnügungsattraktion oder Prestigeobjekt. Zu Beginn des 20. Jahrhunderts gab es bereits zwanzig Seebrücken zwischen Boltenhagen und Ahlbeck. Nachdem die teilweise nach britischen Vorbildern mit Pavillons konzipierten hölzernen Flaniermeilen zu DDR-Zeiten wenig Pflege erfahren hatten und zerfielen, ragen mittlerweile 19 neue Exemplare ins Meer. Die jeweiligen Kommunen wurden bei der Finanzierung erheblich vom Land Mecklenburg-Vorpommern unterstützt, was bei ein bis

Die Sonnenuntergänge an der Fischländer Küste sind berühmt. An manchen Abenden, besonders nach Durchzug einer Schlechtwetterfront, verabschiedet sich der Tag mit einem furiosen Feuerwerk am Horizont. Um dieses Schauspiel zu beobachten, bietet die Seebrücke in Wustrow die besten Logenplätze.

zwei Millionen Euro Baukosten pro Brücke nicht verwundert. Selbstverständlich finden wir auch auf unserer Halbinsel schöne Exemplare dieser Besuchermagneten. Sie stehen in den Ostseebädern Prerow (390 Meter), Wustrow (240 Meter) und Zingst (270 Meter). Ausflugsschiffe fahren von hier nach Rügen und zur dänischen Insel Møn.

Radtour
Von Wustrow in die Bernsteinstadt Ribnitz-Damgarten und zurück (mit Stadtrundgang)

Entfernung: 36 km (ohne Stadt-rundgang);
Fahrdauer: gut 3 Stunden

Wir verlassen Wustrow ab See-brücke in Richtung Dierhagen auf dem Deich. Der ausgeschil-derte Boddenradwanderweg führt uns bald auf Waldwegen nach Neuhaus, vorbei am Natur-schutzgebiet Dierhäger Moor und nach der Überquerung der Fisch-länderstraße direkt nach Körk-witz. Linker Hand sehen wir jetzt den Saaler Bodden, der in die-sem Bereich Ribnitzer See heißt. Der Radweg geleitet uns bis zum Hafen von Ribnitz, der mecklen-burgischen Hälfte der Doppel-stadt.
Ribnitz-Damgarten (15 594 Ein-wohner), die Stadt des Bern-steins und das Tor zum Fisch-land, liegt an dem uralten Han-delsweg Lübeck–Stralsund. Rib-nitz, bereits im Jahr 1233 als Stadt erwähnt, erhielt die lübi-schen Rechte im Jahr 1257 vom Rostocker Fürsten Borowin II. Das in zeitlicher Nähe gegrün-dete slawische Damgarten er-

hielt das Stadtrecht vom Rügen-fürsten Jaromar II. ein Jahr spä-ter. Die Ortsteile Ribnitz und Damgarten, deren pragmatische Vereinigung erst 1950 erfolgte, werden von der breiten Flussnie-derung der Recknitz getrennt, jenem Fluss, der seit Jahrhunder-ten die Grenze zwischen Meck-lenburg und Vorpommern mar-kiert und der größte Vorfluter der Bodden ist.
Den Stadtrundgang beginnen wir am Hafen bzw. Seglerhafen, wo ein kleines Café mit Erfrischun-gen auf Besucher wartet. Wir las-sen die Räder am besten am Ha-fen zurück und orientieren uns nach Süden in die Stadt. Der große Marktplatz ist schnell er-reicht. Hier thront die mächtige Stadtkirche St. Marien aus dem 13./14. Jahrhundert. Das sa-

OSTSEE

Mecklenburger Bucht

Start

Wustrow

Barnstorf

Permin

Saaler Bodden

Fischland

Dierhagen Ost

Dierhagen Strand

Neuhaus

Dierhagen

NSG Dierhager Moor

RIBNITZ-DAMGARTEN   DAMGARTEN

Ribnitzer See   *Pütnitz*

Recknitz

Boddenwanderweg

Rostocker Tor   *i*   Lange Straße

M

RIBNITZ

N

500 m

N

1000 m

Hof Körkwitz

Ribnitzer See

Körkwitz

Klockenhagen   **RIBNITZ-DAMGARTEN**

Blick in das Kirchenschiff und den Chorraum der Stadtkirche St. Marien in Barth. Die Neugestaltung des Innenraums sowie der Einbau des Altars mit Kruzifix und Ziborium erfolgte von 1857 bis 1863 unter der Leitung von Friedrich August Stüler in neugotischen Formen.

krale Gebäude musste nach großen Stadtbränden zwischen 1455 und 1759 wiederholt umgebaut werden. Sein Inneres wurde wesentlich in der Zeit des Barock gestaltet. Es finden regelmäßig Führungen, Konzerte (Jehmlich-Orgel von 1994) und Ausstellungen statt. An der Ostseite des weiträumigen Markplatzes sticht das Rathaus (ab 1832) sofort ins Auge: Die Stadtväter hatten Mut zur Farbe und tünchten den in seiner Gestaltung den klassizistischen Rathausbauten des Hofbaumeisters J. G. Chr. Barca (1781–1826) entsprechenden Putzbau zitronengelb. Nun verlassen wir den Marktplatz und gehen durch die Neue Klosterstraße zum Hauptanziehungspunkt der Stadt. Wer am

Strand keinen Bernstein gefunden hat, dem wird das im Bernsteinmuseum garantiert gelingen. Die umfangreichste Bernsteinausstellung in Deutschland ist im Dominahaus des ehemaligen Damenstifts untergebracht, das, wie auf Seite 26 bereits erwähnt, aus dem St.-Klaren-Kloster hervorgegangen war. In einem Dutzend Schauräumen wird hier sehr anschaulich die naturgeschichtliche Entwicklung des Bernsteins und seine Bedeutung in Kunst und Kultur gezeigt. In einer Schau- und Demonstrationswerkstatt kann der Besucher nicht nur beim Bernsteinschleifen und -drechseln zusehen, sondern auch selbst Hand an das weiche Material legen.

Bernstein – die Tränen der Götter

Der honiggelbe bis rötliche Bernstein ist ein versteinertes, fossiles Baumharz und mindestens 35 Millionen Jahre alt. Das zu Bernstein gewordene Harz – ein Gemisch aus 79 Prozent Kohlenstoff, je 10,5 Prozent Wasserstoff und Sauerstoff sowie etwas Schwefel – stammt vermutlich von Bäumen, die vor etwa vierzig bis fünfzig Millionen Jahren im Gebiet der heutigen Ostsee in subtropischen Wäldern standen. Der Name des entzündbaren Bernsteins kommt von „Börnstein". „Börnen" ist der altdeutsche Ausdruck für brennen. Nach einer römischen Sage werden die Edelsteine auch als „Tränen der Götter" bezeichnet – in der Ostseeregion ist es das „Gold des Nordens". Die hin und wieder im Bernstein eingeschlossenen, meist hervorragend erhaltenen tierischen und pflanzlichen Reste werden Inklusien genannt. Sie geben heute der Wissenschaft Aufschluss über einstige Lebensformen im Ostseeraum. Bei der Bernsteinbestimmung hilft die Sinkprobe: zwei Löffel Salz in einem Gefäß auflösen und die Steine hineingeben.

Wertvolle Bernsteinkunstwerke, wie hier ein kunstvoll gefertigtes Zeesenboot, findet man im Deutschen Bernsteinmuseum in Ribnitz-Damgarten.

„Normale" Steine sinken nach unten, Bernstein schwimmt aufgrund seiner geringen Dichte an der Oberfläche. Eine weitere Probe: Bernstein, schnell an Wolle gerieben, lädt sich elektrisch negativ auf. Er zieht dann Fussel oder winzige Stückchen Zellstoff an. Wer sich in unserer Urlaubsregion auf die Bernsteinsuche begeben will, sollte dies frühmorgens nach schwereren Nordoststürmen tun. Vom tosenden Meer ans Land gespült, liegt das Objekt der Begierde häufig am Spülsaum der Küste.

Blick auf die Kirche des ehemaligen, 1323 gegründeten Klarissenklosters in Ribnitz-Damgarten. Sie ist der einzig noch erhaltene Bau der mittelalterlichen Anlage.

Zum Rundgang durch den Klosterkomplex gehört auch der Besuch der Klosterkirche, in der die Sanierung des mittelalterlichen Kreuzrippengewölbes im Jahr 1997 abgeschlossen werden konnte. Ferner ist der Besuch der Galerie im Kloster, die zeitgenössische Kunst präsentiert, zu empfehlen. Stadtarchiv und -bibliothek, Standesamt, Kreismusikschule und -volkshochschule machen das Klosterviertel zum Kulturzentrum der Stadt. Link: www.kloster-ribnitz.de
Nach dem Museumsbesuch wandern wir über die Straßen Am Klosterteich und Neue Straße zum Rostocker Tor, das als einziges von ehemals fünf mittelalterlichen Ribnitzer Stadttoren nicht im 19. Jahrhundert abgerissen worden ist. Der quadratische Turm ist im Jahr

1290 erstmals urkundlich geworden. Seine jetzige spätgotische Form geht auf die erste Hälfte des 15. Jahrhunderts zurück. Im Jahr 1930 wurde das Torhaus an der Südseite abgerissen, um den Straßenverkehr auch am Tor vorbeiführen zu können. Der Verkehr auf der B 105 (Lange Straße) setzt dem trutzigen Backsteinbau stark zu.
Es lohnt sich, einen Abstecher nach Damgarten (über den Boddenradwanderweg zu erreichen) zu machen und die Kirche St. Christophorus zu besichtigen. Seit Mai 1997 wissen die Damgartener wieder, was die Stunde geschlagen hat: Die defekte alte Turmuhr aus dem Jahr 1871 wurde zu Pfingsten durch einen neuen funkgesteuerten Zeitmesser ersetzt.
Für den Heimweg nach Wustrow benutzen wir wieder den gekennzeichneten Boddenradwanderweg.

Service

Information

18347 Ahrenshoop:

Kurverwaltung Ostseebad
Ahrenshoop
Kirchnersgang 2
Tel. 038220/666610,
Fax 666629
www.ostseebad-ahrenshoop.de

18347 Dierhagen:

Kurverwaltung Ostseebad
Dierhagen
Ernst-Moritz-Arndt-Straße 2
Tel. 038226/201, Fax 80466
www.ostseebad-dierhagen.de

18347 Wustrow:

Kurverwaltung Ostseebad
Wustrow („Haus des Gastes")
Ernst-Thälmann-Straße 11
Tel. 038220/251, Fax 253
www.ostseebad-wustrow.de

Fremdenverkehrsverein e. V.
Ostseebad Wustrow
Strandstraße 11
Tel. 038220/82763, Fax 82764
www.fremdenverkehrsverein-
wustrow.de

Fahrgastbetrieb
Kruse & Voß GmbH
Hafenstraße 7
Tel. 038220/588, Fax 81120,
Mobiltelefon an Bord:
0172/3896090
www.boddenschifffahrt.de

18311 Ribnitz-Damgarten:

Tourist-Information
Am Markt 14
Tel. 03821/2201, Fax 894750
www.ribnitz-damgarten.de

Unterkunft

18347 Ahrenshoop:

THE GRAND Ahrenshoop
Schifferberg 24
Tel. 038220/6780, Fax 678459
www.the-grand.de
Avantgardistisches 5-Sterne-
Hotel in exponierter Ostseelage.

Der Charlottenhof
Grenzweg 3
Tel. 038220/302
www.charlottenhof-
ahrenshoop.de
Die ehemalige Pension wird seit
März 2012 als „kleines Strandhotel" mit Café-Betrieb geführt.
Keines der zwölf geschmackvoll
eingerichteten Zimmer sieht aus
wie das andere.

Romantik Hotel
Namenlos & Fischerwiege
Dorfstr. 44/Schifferberg 9
Tel. 038220/606200,
Fax 606301
www.hotel-namenlos.de
Ein guter Tipp für Ahrenshoop.
Nach und nach baute die Familie
Fischer vier Häuser („Namenlos",
„Fischerwiege", „Bergfalke" und
„Dünenhaus") zu einem niveau-
vollen Hotel- und Restaurant-
Ensemble aus.

Strandhotel Möwe
Am Schifferberg 16–17
Tel. 038220/6080, Fax 80616
Zwei Reetdachhäuser (26 Zim-
mer, drei Appartements) mit Res-
taurant. Ganzjährig geöffnet.

Hotel Haus am Meer
Dorfstraße 36
Tel. 038220/67990,
Fax 679955
www.ahrenshoophotel.de
Kleines, charmantes Hotel (20
Zimmer) direkt hinter der Düne.

Künstlerquartier Seezeichen
Dorfstraße 22
Tel. 038220/67970
www.seezeichen-hotel.de
Romantisches Hotel mit 17
Zimmern und Suiten.

Haus Elisabeth von Eicken
Dorfstraße 39
www.elisabeth-voneicken.de
Anfragen und Buchungen bitte
über das Künstlerquartier Seezeichen (s. li.).
Kleines, aber feines Hotel (7 Zimmer) im ehemaligen Atelier- und
Wohnhaus der Malerin Elisabeth
von Eicken (1862–1940). Ausge-
zeichnetes Restaurant (Gault
Millau) und wechselnde Ausstellungen zeitgenössischer Kunst in
der hauseigenen Galerie.

18347 Dierhagen:

Dünenmeer Hotel & Spa
Birkenallee 20, OT Neuhaus
Tel. 038226/5010, Fax 501555
www.strandhotel-ostsee.de

In unmittelbarer Nähe zum Meer
spendet dieses 4-Sterne-Supe-
rior-Strandhotel Ruhe und Ent-
spannung. 49 sehr großzügige
Komfort-Doppelzimmer und 16
Suiten mit geräumigen Terrassen
sorgen mit einmaligem Meerblick
für einen luxuriösen Aufenthalt.

Strandhotel Fischland
Ernst-Moritz-Arndt-Straße 6
Tel. 038226/520
www.strandhotel-fischland.de
Direkt am Ufer der Ostsee, umgeben von herrlicher Dünenlandschaft liegt dieses familien-
freundliche Hotel. Erleben Sie
einzigartiges Ambiente in jedem
der lichtdurchfluteten Zimmer,
vielfältige kulinarische Genüsse
und das große Sport- und Well-
nessangebot.

Ostseehotel Dierhagen
Wiesenweg 1
Tel. 038226/510, Fax 51871
www.ostseehotel-dierhagen.de
In ruhiger Lage, kaum 250 Meter
entfernt von einem der schönsten Strandabschnitte der Region
befindet sich das 3-Sterne-Supe-
rior-Ostseehotel, ausgestattet mit
162 stilvoll und komfortabel eingerichteten Doppel- und Einzel-
zimmern und sechs großzügigen
Sonnenterrassen.

18347 Wustrow:

Dorint Strandresort & Spa
Ostseebad Wustrow
Strandstraße 46
Tel. 038220/650, Fax 65100
www.hotel-ostseebad-
wustrow.dorint.com
4-Sterne-Hotel (97 Zimmer und
Appartements) mit Wellnessan-
geboten, Feng-Shui-Wintergarten
und regional-saisonalen Spezialitäten in einem der drei Restaurants.

Ostseehotel Wustrow
Fischländer Weg 35
Tel. 038220/6250, Fax 294
www.ostseehotel-wustrow.
m-vp.de
Naturbelassene Hotelanlage
(57 Zimmer und Appartements)
direkt am Meer hinterm Deich.

Hotelschiff Stinne
Kuhleger 13
Tel. 038220/336, Fax 66165
www.hotelschiff-stinne.de

Fest an Land liegendes „Wrack"
eines dänischen Großseglers,
der im Jahr 1965 vor Wustrow
südwestlich der Kirche strandete.
Uriges Hotelschiff (6 Zimmer) in
reizvoller Lage direkt am Permin.

Pension Schifferwiege
Karl-Marx-Straße 30
Tel. und Fax 038220/80336
www.schifferwiege.de
Kleine Pension mit familiärem
Flair (6 Zimmer).

Hotel Deutsches Haus
Hafenstraße 5
Tel. 038220/6970, Fax 69710
www.hotel-deutsches-haus.
m-vp.de
Modernes Hotel (14 Zimmer und
10 Appartements) und Restaurant direkt am Boddenhafen mit
Terrassen und Balkonen, von denen man teilweise einen faszinierenden Hafenblick genießen
kann.

18311 Ribnitz-Damgarten:

Hotel „Wilhelmshof"
Lange Straße 22
Tel. 03821/2209, Fax 707779
www.hotel-wilhelmshof.de
Kleines Hotel in zentraler Lage
mit zehn freundlich eingerichteten Zimmern.

18320 Schlemmin:

Park- und Schlosshotel
Schlemmin
Am Schloss 2
Tel. 03832/5160, Fax 516100
www.schlosshotel-schlemmin.de
Das im neugotischen Stil erbaute
Gebäude verfügt über 35 Zim-
mer und Suiten sowie eine mittel-
alterliche Schlosskellergast-
stätte.

Cafés und Restaurants

18347 Ahrenshoop:

Café Namenlos
(Restaurant und Hotel)
Dorfstraße 44/Schifferberg 9a
Tel. 038220/606200,
Fax 606301
www.hotel-namenlos.de
Traditionsreiches Haus mit lan-
destypischer Küche und hausge-
machtem Kuchen.

Café Buhne 12
Grenzweg 12
Tel. 038220/232
Fantastisch gelegen am Hohen
Ufer mit Blick auf die Windflüch-
ter, das Motiv am Ahrenshooper
Steilufer. Öffnungszeiten: Di bis
So 11.30 bis 23 Uhr

Räucherhaus
Hafenweg 6
Tel. 038220/6946, Fax 69481
www.raeucherhaus-
ahrenshoop.de
In diesem Restaurant bekommt
man Fisch ofenfrisch direkt aus
der Räucherei mit schönem Blick
auf den idyllischen Hafen.

18347 Dierhagen:

Gaststätte Pfannkuchenhaus
Waldstraße 4
Tel. 038226/80464, Fax 80656
www.pfannkuchenhaus-
dierhagen.de
Hier gibt es Eierkuchen von herz-
haft bis süß in allen Variationen.
Ferner befinden sich auch
Fleisch- und Fischgerichte im
Angebot. Im Sommer mit Terras-
senbetrieb. Täglich von 11 bis 22
Uhr geöffnet.

Hotel-Restaurant Blinkfüer
Schwedenschanze 20
Tel. 038226/53570, Fax 80392
www.hotel-blinkfueer.de
Im Restaurant laden helle und
freundliche Räume zum Essen
ein. Eine separate Karte weist
die Mecklenburger Spezialitäten
aus, z. B. „Kloppschinken in Eier-
kuchenteig". Öffnungszeiten: täglich 12 bis 22 Uhr

Ostseelounge im Strandhotel
Fischland
Ernst-Moritz-Arndt-Straße 6
Tel. 038226/520
www.strandhotel-fischland.de
Umgeben von einer herrlichen
Dünenlandschaft befindet sich
seit Juli 2011 das moderne, edel
eingerichtete Gourmetrestaurant
mit Blick auf die Ostsee. Bei gu-
tem Wetter wird der Begrüßungs-
cocktail auf der geräumigen Terrasse gereicht, die Speisekarte
ist zweigeteilt: „Aus der Heimat"
und „Aus der Welt". Öffnungszeiten: Mi bis So ab 18.30 Uhr

18347 Wustrow:

Strandrestaurant Swantewit
Strandstraße 56
Tel. 038220/82550, Fax 82678
www.swantewit.com
Restaurant mit Sonnenterrasse
direkt am Fuß der Seebrücke

Moby Dick
Strandstraße 54
Tel. 038220/6680, Fax 66825
www.restaurant-moby-dick.de
Das Café und Restaurant liegt
direkt an der Seebrücke und
gleicht dem Innenleben eines
Schiffes. Öffnungszeiten: täglich
ab 11 Uhr

Hotel & Restaurant Sonnenhof
Strandstraße 33
Tel. 038220/6190, Fax 61955
www.sonnenhof-wustrow.de
Fachwerkhaus mit großem Win-
ter- und Biergarten. Das stilvolle
Restaurant mit großer Sonnenterrasse verwöhnt Sie mit regionalen Spezialitäten, Fischgerich-
ten und stets wechselnder inter-
nationaler Küche.

Restaurant & Pension
Schifferwiege
Karl-Marx-Straße 30
Tel. und Fax 038220/80336
www.schifferwiege.de
Genießen Sie regionale Fischspezialitäten im Gartenpavillon oder
auf der Terrasse. (Nicht zu ver-
wechseln mit dem Haus „Schifferwiege" am Hafen, siehe im
Text Seite 48.)

Schimmels Restaurant, Café, Pension
Parkstraße 1
Tel. 038220/66500
www.schimmels.de
Das im typischen Kapitänshaus-stil neu aufgebaute Haus (Pension mit drei netten Zimmern) bietet Behaglichkeit. Anspruchsvolle Landhausge-richte aus regionalen Produkten in ungewöhnlichen Kombinatio-nen sowie selbstgebackene Kuchen bestimmen die Speise-karte.

Kajüten-Restaurant
(Hotelschiff Stinne)
Kuhleger 13
Tel. 038220/336, Fax 66165
www.hotelschiff-stinne.de
Fisch- und Fleischgerichte (im Sommer im Garten) direkt am Permin. Tipp: Vom Garten aus kann die Wustrower Zeesbootre-gatta ideal verfolgt werden. Kos-tenloser Parkplatz. Öffnungszei-ten: täglich ab 17 Uhr, So und fei-ertags ab 12 Uhr

18311 Ribnitz-Damgarten:

Ribnitzer Fischhafen
Fischrestaurant Meeresbüfett
Am See 40
Tel. 03821/390718, Fax 390720
www.fischhafen.de
Fischspezialitäten in stilvoller Atmosphäre und mit reizvollem Blick auf den Ribnitzer Hafen.

Café im Bernsteinmuseum
Im Kloster 1
Tel. 03821/2219
www.deutsches-bernstein-museum.de/museumscafe.htm

Museen

18347 Ahrenshoop:

Kunstmuseum Ahrenshoop
Weg zum Hohen Ufer 36
Tel. 038220/66790
www.kunstmuseum-ahrenshoop.de
Das jüngste Museum auf dem Fischland (2013 eröffnet) ist Aus-stellungs-, Begegnungs- und For-schungszentrum des Künstleror-tes Ahrenshoop. Der Komplex ist barrierefrei zugänglich.
Öffnungszeiten: April bis Oktober täglich 11 bis 18 Uhr; November bis März Di bis So 10 bis 17 Uhr

Kunstkaten Ahrenshoop
Strandweg 1
Tel. 038220/80308, Fax 80307
www.kunstkaten.de
Galerie und Veranstaltungshaus
der Gemeinde Ahrenshoop.
Öffnungszeiten: täglich 10 bis 13
und 14 bis 17 Uhr

Neues Kunsthaus Ahrenshoop
Bernhard-Seitz-Weg 3a
Tel. 038220/80726, Fax 69414
www.neues-kunsthaus-ahrens-
hoop.de
Hervorgegangen aus dem Kunst-
haus Guttenberg, der Galerie des
Künstlerbundes Mecklenburg-
Vorpommern e. V.

Künstlerhaus Lukas
Dorfstraße 35
Tel. 038220/6940, Fax 69414
www.kuenstlerhaus-lukas.de

Bunte Stube
Dorfstraße 24
Tel. 038220/238, Fax 80472
www.bunte-stube.de

Strandhalle
Dorfstraße 16b
Tel. 038220/82522
Das Haus ergänzt seit 1998 das
in Ahrenshoop vorhandene Ange-
bot an Begegnungen zwischen
Künstlern und Kunstinteressier-
ten.

Schifferkirche
Anmeldung für Führungen im
Pfarramt Prerow
Tel. 038233/69133
www.schifferkirche-
ahrenshoop.de
In der Hauptsaison ist in der
Regel täglich eine Ansprechper-
son in der Kirche anzutreffen.

18347 Wustrow:

Kunstscheune Barnstorf:
Barnstorf 1, Hufe IV
Tel. 038220/201, Fax 82703
www.kunstscheune-barnstorf.de
Unter dem historischen Balken-
werk der rohrgedeckten Fach-
werkscheune werden seit über
25 Jahren vorwiegend Arbeiten
norddeutscher Künstler präsentiert.

18311 Ribnitz-Damgarten:

Deutsches Bernsteinmuseum
Im Kloster 1–2
Tel. 03821/4622 (Museums-
kasse), Fax 895140
www.deutsches-bernsteinmu-
seum.de
Öffnungszeiten: März bis Oktober
täglich 9.30 bis 18 Uhr;
November bis Februar Di bis So
9.30 bis 17 Uhr. Letzter Einlass
ist 30 Minuten vor Ende der Öff-
nungszeit.

Veranstaltungen

Darß-Marathon:
Tel. 038233/6100
www.darss-marathon.de

18347 Wustrow:

Seebrückenfest: letzten Sonntag
im August
Tonnenabschlagen: 2. Sonntag
im Juli
Zeesbootregatta: 1. Sonnabend
im Juli

18347 Ahrenshoop:

Althäger Fischerregatta: 3. Wo-
chenende im September
Kinderfest: 1. Wochenende im
Juni
Strandfest: 4. Wochenende im
Juli
Tonnenfest: 3. Sonntag im Juli

18311 Ribnitz-Damgarten:

Internationales Folkloretanzfest:
2. Wochenende im Juli
www.folklore-ribnitz.de
Kinderfest: Anfang Juni
Fischerfest am Hafen:
3. Wochenende im August
Tonnenabschlagen (OT Klockenhagen): letzter Samstag im Juli

Der Darß

Darßer Weststrand. Wo heute Urlauber baden, sich sonnen und dem Wellenschlag lauschen, war vor ein paar Tausend Jahren nur das Rauschen des Waldes zu hören und das Meeresufer noch weit entfernt.

Der Darß

Der Name „Darß" bezeichnet sowohl die Landfläche zwischen dem Fischland im Süden und der einstigen Insel Zingst im Osten als auch das sich darauf befindende Waldareal. Das Wort Darß ist slawischen Ursprungs und bedeutet „Hain". Der urwüchsige Wald gilt als Herzstück des Nationalparks. Die auf Seite 18ff. beschriebenen und nach wie vor ablaufenden Prozesse der Küstenentwicklung formten aus dem Inselkern des Altdarß und den herantransportierten Fischlandsedimenten in wenigen Jahrtausenden mit Alt-, Vor- und Neudarß drei morphologisch und altersmäßig unterschiedliche Landschaftsteile (siehe Abbildung Seite 19). Im Norden liegt die Spitze von Darßer Ort, wo man rezente Neulandbildung beobachten kann. Hier wächst die Küste im Schnitt jährlich um zehn Meter nach Nordosten ins Meer hinaus. In den letzten 25 Jahren waren es sogar 600 Meter. Der Begriff „Darßer Spitze" ist in Frankreich ein geologisches Fachwort. Es kennzeichnet Abtragungs- und Anlandungsprozesse in Westostrich-

Viel Platz und Wind bietet der Ostseestrand der Halbinsel auch den Drachenfreunden wie hier in Zingst. Gelegentlich werden von den Kurverwaltungen Drachenfeste organisiert – meist in der Nachsaison.

tung. Übrigens: Die „Bernsteininsel" ist – wie auf einigen Karten fälschlich eingezeichnet – keine Insel mehr, sondern längst mit dem Darß zusammengewachsen. Die starke Gliederung des Neudarß mit einer Abfolge von über 130 sandigen Reffen (Strandwällen) und moorigen Riegen (Dünensenken) bildet die Grundlage für das Mosaik aus

Die Dünen des Darß bieten nicht nur einen schönen Anblick, sondern sind auch wichtiger Bestandteil des Küstenschutzes.

naturnahem Dünenkiefernwald, Erlenbruch, Buchenwald und verschiedenen Kiefernforststadien. Aufgrund dieser Vielfalt gibt es hier für etwa 95 Vogelarten den jeweils passenden Waldtyp, in dem jede Art ihre ökologische Nische findet. Viele der im Darß nachgewiesenen Brutvögel wie zum Beispiel Mittelspecht, Neuntöter und Zwergschnäpper sowie Bekassine, Habicht und Sperber stehen auf der Roten Liste. Der holzreiche, gut fünfzig Quadratkilometer große Darßwald war manchem Eingriff ausgesetzt: Schwedische, dänische und französische Besatzer gebrauchten das Holz zum Schiffbau sowie als Bau- und Brennmaterial. Aber auch die Einheimischen schlugen in Zeiten der Not im wahrsten Sinne des Wortes zu. Waldweide und Streunutzung taten ihr Übriges. Als der durch seine zahlreichen Publikationen unter Forstleuten bekannte

Der holzreiche, gut fünfzig Quadratkilometer große, urwüchsige Darßwald erschließt sich dem Wanderer und Fahrradfahrer über mehr als dreißig Wege, die unter anderem auch

Ferdinand von Raesfeld (1855– 1929) – wir finden sein Grab im Darßwald (siehe Seite 100ff.) – im Jahr 1891 das Forstamt Darß übernahm (bis 1913), lag ein Drittel der Fläche brach. In einem Text des Nationalparkamts lesen wir über den Freiherrn und seine Aufbauarbeit: „Es gibt in der Geschichte der Wälder nur wenige Beispiele, wo das Bestreben für die Erhaltung des Waldes unter den verschiedenen Vorzeichen so hartnäckig, ja enthusiastisch geführt wurde wie hier." Heute verfolgt das Nationalparkamt den Aufbau naturnaher Waldgesellschaften. Eine solche Waldwirtschaft hat die Entwicklung von standortgemäßen, gebietstypischen Mischbeständen zum Ziel. Windwurf und Totholz stellen in diesem Konzept keine Gefahrenpunkte dar, etwa durch Massenvermehrung von Schädlingen, sondern werden vielmehr als wichtige Lebensbereiche für unterschiedliche Organismen im

zum naturbelassenen Weststrand führen. Der Neudarß liegt in der Kernzone des Nationalparks; hier dürfen die Wanderwege nicht verlassen werden.

Ökosystem Wald angesehen. Seit
der Zeit der Pommernherzöge
galt der Darßwald als Wildkam-
mer Vorpommerns und war viel-
fach Staatsjagdgebiet. Reichs-
forst- und Reichsjägermeister
Hermann Göring und sein brau-
nes Gefolge gingen hier zwischen
1934 und 1945 auf Trophäen-
jagd. Damals wie später zu DDR-
Zeiten war das Gelände Sperr-
gebiet.

Am Rande des Waldes erinnern
die Darßdörfer Born, Wieck und
Prerow mit ihren zum großen Teil
rohrgedeckten Häuschen an die
alten Seemannszeiten der Halbinsel. Einige der mit Krüppel-
walmdach, Holzverschalung und

bunt bemalten Schnitztüren be-
zaubernd anzusehenden Häuser
stehen als Beispiele maritimer
Volksarchitektur unter Denkmalschutz.

Bunte Türmalereien – schöne Schmuck-elemente alter Seemannshäuschen

Die liebevoll restaurierten, zum großen Teil rohrgedeckten Seefahrer- und Fischerhäuser mit ihren geschnitzten, bunt bemalten Türen sind bauliche Wahrzeichen der Urlaubsregion Fischland, Darß und Zingst. Die Häuser und Türen sind Zeugnisse seemännischer Volkskultur und Bauweise. Die Türen entstanden in jener Zeit, als die Männer der Halbinsel noch zur See fuhren. In ihrer Freizeit schnitzten sie die Türen, deren typische Motive wie Sonnen oder stilisierte Pflanzen Zeichen der Hoffnung und Zuversicht waren. Weitere gebräuch-

Bauliches Wahrzeichen der Halbinsel sind die liebevoll restaurierten Kapitäns- und Fischerhäuser mit den charakteristischen Schnitztüren. Einige der hübschen Häuser stehen als Beispiele maritimer Volksarchitektur unter Denkmalschutz. Typische Motive der buntbemalten Türen sind Sonne und stilisierte Pflanzen.

liche Ornamente sind Meeresfabelwesen und Fischereiwerkzeuge. Der Farbanstrich der Holzhäuser und die Bemalung der Türen dienten nicht nur der Zierde, sondern auch als Schutz vor Verwitterung. In dem Artikel „Alte Türen an der Wasserkante",

Viel Platz für Ornamente bieten diese klassischen Türen ohne Fenster (Fotos links und rechts).

Rohrgedecktes und farbenprächtiges Haus in Born. Der Farbanstrich der Holzhäuser und die Bemalung der Türen sind nicht nur Zierde, sondern auch Witterungsschutz.

den Käthe Miethe im Jahr 1939 für die „Mecklenburgischen Monatshefte" verfasst hat, schreibt sie: „Mitunter findet man Türen an, aus denen die Lebensarbeit ihrer Besitzer spricht, Türen von Seeleuten und Kapitänen, auf denen Anker und Fische dargestellt sind, und deren breite, reich geschmückte Üppigkeit vom Wohlstand ihres Herrn spricht. Aber lebendiger, näher und wärmer werden die schmalen, oft geteilten Pforten zu dem bescheidenen Haus, in dem ganz gewiss niemals Wohlstand seinen Einzug hielt. Sie zeigen, dass kein Dach zu gering sein kann, zu niedrig, kein Haus zu winklig und zu eng, um Menschenkinder nicht Stolz und Freude zu sein, weil sie dort geborgen sind." Die Türen sind besonders in den Darßdörfern Born und Prerow verbreitet.

Spaziergang
Unterwegs in Prerow

„Eine Tour durch das Dorf gibt einen Vorgeschmack von einer Reise durch die Sahara. Außer in den Hotels, derer drei vorhanden sind, haben wir nur vereinzelt Badegäste gesehen, ich kann mir auch kaum denken, dass man diese Wüste trotz der Zugabe von Wald, dessen Harzgeruch wir übrigens gerne auf unsere Nerven wirken lassen, aufsucht", berichtete im Jahr 1884 die Mecklenburger Zeitung über das alte, heute 1655 Seelen zählende Fischer- und Seemannsdorf Prerow. Der erwähnte Sand hat tatsächlich Einfluss auf das Ortsbild: Die Häuser innerhalb des alten Ortskerns wurden zeilenartig auf von West nach Ost verlaufenden Reffen errichtet, zwischen denen sich breite, von Wiesen, Weiden oder Gärten eingenommene Riegen befinden. Heute ist der Sand das Kapital des gänzlich auf Tourismus ausgerichteten Ostseebads, denn der fünf Kilometer lange und bis zu neunzig Meter breite steinlose Strand gilt als der schönste der gesamten Ostseeküste.

Im Hafengebiet am Prerowstrom finden Segler geschützte Liegeplätze. Das flussartige Gewässer stellt eine Verbindung zum Bodstedter Bodden her.

Unser Spaziergang beginnt am Parkplatz an der Hauptstraße Wiecker Weg (schräg gegenüber vom Hafen am Prerowstrom). Die Schilder mit der Aufschrift „Kirchenort" verraten uns den Weg zu der hinter Bäumen versteckt liegenden Seemannskirche (Gottesdienst: So 10.30 Uhr; Besichtigung: täglich 10 bis 16 Uhr). Das backsteinerne Gotteshaus mit Holzturm wurde von 1726 bis 1728 weit außerhalb des Dorfes erbaut, weil einige Zingster Dörfer bis zum Jahr 1856 zum Kirchspiel gehörten. Für die Prerower war der Gottesdienstbesuch bis

Weit außerhalb der Ortsmitte inmitten eines Wäldchens auf der Zingster Seite des Prerowstroms, hinter Bäumen, vom Friedhof umgeben, liegt die backsteinerne Seemanns-
kirche von Prerow. Sie wurde 1726 bis 1728 in jener Zeit gebaut, als Darß und Zingst
noch zu Schwedisch-Vorpommern gehörten.

zur Schüttung des Dammes im Jahr 1874 stets mit einer umständlichen Fährfahrt verbunden. Die Ausstattung des in den Meeresfarben grau, grün und blau gehaltenen Innenraums der Kirche ist besonders sehenswert. Erwähnt werden sollen hier der barocke Kanzelaltar von 1728 und die zahlreichen Votivschiffe. Zwischen 2002 und 2015 gab es größere Außen- und Innensanierungsmaßnahmen. Auf dem Friedhof sind alte Grabsteine aus schwedischem Kalkstein zu finden.

Wir gehen nun zum Parkplatz zurück und überqueren den vielbefahrenen Wiecker Weg, um zum Hafen zu gelangen. Hier befinden sich mit Krabbenort und dem etwas weiter südlich gelegenen Drümpel die ältesten Ortsteile Prerows. Der Hafen entstand erst nach der künstlichen Schließung der Mündung des Prerowstroms.

OSTSEE

Kirchenort

Seemanns-kirche

Start

Prerow Strom

Hafen

Krabbenort

Lange Straße

Hafenstraße

Strandstraße

Grabenstraße

Wiecker Weg

Seebrücke
(390 m)

Hauptübergang

Strom

Prerow

Im Schuring

Waldstraße

Bergstraße

Grüne Straße

Mauerstraße

Waldstraße

Kiek in''

Hagenstraße

Hagenstraße

Allee

Klosterstraße

Waldstraße

Hülsenstraße

Buchenstraße

Bernsteinweg

Darß Museum

M

Prerow

N

125 m

Das Haus der Kurverwaltung Prerow bietet nicht nur einen schönen Anblick. Hier kann der Gast viel Informatives erfahren.

Auch der Kulturkaten „Kiek In" in Prerow kann mit einer bunten Holztür aufwarten.

Heute starten von hier aus Fahrgastschiffe und Zeesboote zu Boddenrundfahrten (siehe Seite 145). Der moderne Wasserwanderstützpunkt wurde im Jahr 1995 fertiggestellt. Dort können auch Ruderboote und Kanadier entliehen werden.

Über die Hafen-, Strand-, Schul- und Bergstraße erreichen wir die Grüne Straße, in der eine Reihe alte sehenswerte Häuser stehen. Eine kleine Querverbindung, die Hagenstraße, führt in die Hülsenstraße, wo sich mit dem Kulturkaten „Kiek In" (Nr. 42) und dem Darß-Museum (Nr. 48) zwei Attraktionen befinden; beide sind auch über die Waldstraße zugänglich. Der im typischen Darßer Rot gestrichene Kulturkaten steht in einem schönen Garten und hat eine noch schönere Schnitztür. Unter dem Motto „Kleinkunst im Kapitänshaus"

werden Konzerte, Theater, Ausstellungen und Vorträge angeboten. Seit 2008 mit einem attraktiven gläsernen Erweiterungsbau. Im Darß-Museum veranschaulichen verschiedene Dauerausstellungen die Natur des Darß und geben Einblicke in die Kulturgeschichte Prerows. Eine Sammlung zahlreicher Schnitztüren sowie ein Fischerboot sind ebenfalls zu bewundern.

Im Mittelpunkt des Badelebens von Prerow steht mit 394 Metern die momentan längste Seebrücke der Halbinsel. Auf ihr zu bummeln kommt einer kleinen Seereise gleich. Von ihrem Ende aus gesehen, erscheint das Land wie ein schmaler Strich am Horizont.

Um zum letzten Ziel dieses kleinen Rundgangs zu gelangen, gehen wir zunächst die Hülsenstraße zurück bis zur Waldstraße. Auf der gegenüberliegenden Straßenseite wandern wir die Marienstraße entlang bis zum Deich. Hier geht's auf dem Rad- und Wanderweg nach rechts weiter. Nach wenigen Metern kommt links der Abzweig durch die Niederung des Prerowstroms zur „Bummelmeile", einer Ladenstraße, die direkt zur Seebrücke führt. Das 390 Meter lange hölzerne Bauwerk wurde im Jahr 1993 eingeweiht. Im Sommer sind vom Brückenkopf aus wunderbare Sonnenuntergänge zu beobachten, wenn die Sonne an der Spitze des Darßer Orts ins Wasser taucht.

Wanderung
Zum Leuchtturm am Darßer Ort

Entfernung: ca. 12 km;
Wanderdauer: 4 Stunden

Die Wanderung zum Leuchtturm, der nur zu Fuß, per Rad oder Kutschfahrt erreicht werden kann, ist ein Muss für alle Darß-urlauber, die die auf Seite 18ff. geschilderten Prozesse der Küstendynamik in Augenschein nehmen wollen. Beginn der Tour ist die Kurverwaltung am Gemeindeplatz. Wir orientieren uns nach Norden und stoßen nach wenigen Metern auf den Deich, dem wir nach links bis zur Villenstraße folgen. Diese geleitet uns zum Bernsteinweg, der nach rechts zum Strand führt. Hier nehmen wir den Strandwanderweg drei Kilometer in nordwestlicher Richtung – vorbei am Regenbogen-Camp, dessen Lage mitten in den Dünen aus küstenschutz-technischen Gründen so recht nicht einleuchten will –, bis wir den Ottosee erreichen. Hierbei handelt es sich um einen Strand-see, der von der NVA Anfang der 1960er-Jahre widerrechtlich mitten im Schutzgebiet künstlich vertieft und mit Spundwänden als Militärhafen eingerichtet

wurde. Jetzt haben die Natur-schutzverbände BUND und WWF das Ende dieses Nothafens vor Gericht erstritten: Die vom Land Mecklenburg-Vorpommern finanzierten Ausbaggerungen der Zufahrt werden eingestellt. Ein neuer „Inselhafen" soll bei Prerow entstehen und auch Standort der Seenotrettung werden. Informationen unter www.ersatzhafen-mv.de. Nachdem wir einen herrlichen Blick vom Wikingerturm (Aussichtsplattform) genossen haben, gehen wir an der Mole landeinwärts, umrunden das Hafenbecken in Richtung Darßer Ort und halten uns immer rechts. Bald stößt man auf den Rund-wanderweg Darßer Ort, der teilweise als Bohlenweg etwa 3,6 Kilometer auf der Küstenlinie von 1884 durch den streng geschützten Teil des Darßer Orts verläuft. Das Gelände rechts vom Steg ist damit kaum mehr als 120 Jahre alt. Bevor wir am Weststrand den Treppenaufgang zum Leuchtturm erreichen, treffen wir noch auf

N

500 m

O S T S E E

Hafen

Krabbenort

Kirchenort

Seebrücke

Start

i

Prerow

Nordstrand

Leuchtturmweg

Bruch-Gestell

N e u d a r ß

D a r ß

Flundark-See

Ottosee

Darßer Ort

Natureum

M

Teerbrennersee

Leuchtturm
Darßer Ort

W e s t s t r a n d

Ein Muss für jeden Darßurlauber: ein Ausflug zum über 35 Meter hohen Leuchtturm am Darßer Ort. Von der Aussichtsplattform hat der Besucher einen einmaligen Blick über den gesamten Darß.

zwei weitere Aussichtsplattformen, von denen aus man sehr gut sehen kann, dass die ehemalige Bernsteininsel mit dem Festland verwachsen ist. In Prerow wird erzählt, dass sie ihren Namen erst in den 1920er-Jahren erhielt, als gewitzte Fischer aus dem Dorf Bootsfahrten für Feriengäste anboten und als Anreiz kleine Bernsteinstücke auf dem Eiland auslegten.

Der sechsgeschossige, 35,4 Meter hohe Leuchtturm wurde im Jahr 1848 fertiggestellt. Strandungen und Havarien hatten im 19. Jahrhundert am Darßer Ort zugenommen, sodass der Preußische König im Jahr 1845 die Genehmigung zum Bau gab. Bis 1978 verrichteten hier Leuchtturmwärter ihren Dienst. Seit März 1995 kann der Turm nach einer Pause von 33 Jahren wieder von Besuchern bestiegen werden. Die denkmalgeschützte Fassade des noch in Betrieb befindlichen Backsteinriesens wurde Ende 2009 saniert. 126 Stufen führen zur Aussichtsplattform, vorbei an großformatigen

Das Natureum am Darßer Ort ist eine Außenstelle des Deutschen Meeresmuseum Stralsund. Im Eingangsbereich werden Bücher, Broschüren und Faltblätter zu den Themen Darß und Leuchtturm zum Kauf angeboten.

Bildern anderer Leuchttürme und Seefeuer an der Ostsee. Ein einmaliger Blick über den gesamten Darß entschädigt für die Mühe des Aufstiegs. Im denkmalgeschützten Leuchtturmgebäude empfiehlt sich ein Besuch des vom Deutschen Museum für Meereskunde und Fischerei (Stralsund) betreuten Natureum mit den Ausstellungen „Naturraum Darßer Ort" und „Tiere der Darßlandschaft" sowie einem Meeresaquarium. Im Hof des Leuchtturmkomplexes befindet sich auch ein einladendes Café (nur über das Museum zugänglich). Im Eingangsgebäude können Bücher, Broschüren und Faltblätter zum Thema Darß und Leuchtturm erworben werden. Für den 4,6 Kilometer langen Heimweg zurück nach Prerow benutzen wir den ausgeschilderten, auf einem Reff verlaufenden Leuchtturmweg (blaue Leuchtturmmarkierung) durch den Wald. Die Narben einiger Bäume zeugen von der Harzgewinnung, für die die alten Kiefern einen Teil der Rinde lassen und „bluten" mussten.

Wanderung
Im Darßwald

„Dass es so etwas noch gibt an der deutschen Küste, das muss man mit eigenen Augen gesehen haben. Am Darßer Weststrand, wo der vom Wind zerzauste Wald direkt bis an das Wasser reicht, darf das Meer ungehindert Bäume fällen und an der Küste nagen. Niemand hat der See hier jemals Steine in den Weg gelegt oder Knüppel in die Brandung gerammt. Die aus den Wellenkämmen herausragenden Baumstümpfe hat die Ostsee selbst dorthin geschleppt. Oben auf dem Rand der ausgefransten Steilküste harrt bereits die nächste Buche auf das ihr zugedachte Schicksal. Längst hat das Salzwasser ihre Wurzeln freigespült und kraftlos gemacht. Beim nächsten Sturm wird der haltlose Riese fallen. Er schützt dann die hinteren Bäume eine Weile vor dem Ansturm der Brandung." Der Tourismusverband Mecklenburg-Vorpommern hat recht, das muss man als Ostseeurlauber gesehen haben. In dem urwüchsigen Waldgebiet kreuzen sich 36 Wege, die auch Gestelle (zum Beispiel k-Gestell) genannt werden. Viele Wege sind vorzüglich ausgeschildert, so-

Bei seiner einsamen Wanderung entlang dem Darßer Weststrand stößt der Spaziergänger auf eine Vielzahl toter Bäume – Opfer der Herbststürme.

dass sich der Darßwald vom (Rad-)Wanderer von allen Darßdörfern aus gut erschließen lässt. Es wird hier auch keine konkrete Route beschrieben, sondern es werden allgemein aufsuchenswerte Ziele im Darßwald vorgestellt. Bei Wanderungen sollte beachtet werden, dass der Neudarß in der Kernzone des Nationalparks liegt und die Wanderwege hier nicht verlassen werden dürfen. Ferner sollte man vorsichtshalber auch auf den Wegen immer ein Auge auf den Untergrund werfen, da-

OSTSEE

Norder-bramhaken-see

Süderbramhakensee

Zeltplatzweg

Leuchtturmweg

N e u d a r ß

Mittelweg

Prerow

k-Gestell

g-Gestell

Tiefstücksee

Esper Ort

Langseerweg

W e s t s t r a n d

D a r ß

m-Gestell

Müllerweg

Raesfeld-Denkmal

E h e m a l i g e s   M e e r e s u f e r

Mecklenburger Weg

Alter Mecklenburger Weg

A l t d a r ß

Küsterweg

Wiecker Postweg

Ibenhorst

N

500 m

Viele markierte Wander- und Radwege führen durch den Darßer Wald an den Weststrand.
Ein beliebter Rast- und Badeplatz ist der Ort, an dem der Müllerweg endet.

mit man sich im Sand sonnende Kreuzottern und Ringelnattern rechtzeitig bemerkt. Morgendliche Jogger treffen gelegentlich auf eine Rotte Wildschweine. Wenn Frischlinge dabei sind, ist das nicht ganz ungefährlich.

Im Nordwesten des Waldes (südlich vom Leuchtturm) locken zahlreiche Strandseen mit offener Wasserfläche. Der Teerbrenner See ist vom Strand aus einsehbar.

Das lange k-Gestell quert fast die gesamte Abfolge der über 130 Riegen und Reffe des Neudarß. Die vermoorten Riegen sind mit Erlen und Moorbirken bestanden, während auf den sandigen Reffen die Kiefern und Buchen wachsen. Ein wahrer geologischer Leckerbissen ist das Ehemalige Meeresufer, ein höchstens 3500 Jahre altes fossiles Kliff mitten im Wald. Die drei bis sechs Meter hohe, deutlich sichtbare und mit herrlichen Buchen bestandene Geländestufe ist entstanden, als Vor- und Neudarß noch nicht existierten und die Brandung der Ostsee gegen den Inselkern (Altdarß) schlug. Heute folgt ihr der Mecklenburger Weg. An der Wegkreuzung k-Gestell

Mitten durch den Darßer Wald, entlang des Mecklenburger Wegs, verläuft eine bis zu sechs Meter hohe Geländestufe. Dieser Absatz war vor einigen Tausend Jahren das Kliff des Altdarß, das ehemalige Meeresufer.

und Müllerweg liegt das bereits erwähnte Raesfeld-Denkmal (siehe Seite 84). Forstmeister Freiherr von Raesfeld, der auch ein bedeutender Autor von Standardwerken zu Jagd und Hege war, verstarb im Jahr 1929 und wurde zunächst in Prien am Chiemsee beigesetzt. Mithilfe der vom Deutschen Jagdschutzverein zusammengetragenen Spendengelder konnte er, seinem letzten Wunsch entsprechend, am 4. Mai 1930 in „seinem" Wald bestattet werden. Siehe auch Forst- und Jagdmuseum auf Seite 110. Ein paar Meter südlich vom Denkmal steht rechts des Weges eine Aussichtsplattform. Wer den gesamten Wald nach Westen bis an die Küste durchwandert hat, trifft hier allerorts, zum Beispiel bei Esper Ort, auf die eigentümlichen Windflüchter. Die bizarr vom steten Westwind gebeugten Kiefern und Buchen gelten als Wahrzeichen des Darßer Weststrands. Die Windschur belegt, dass der Küstensaum einmal wesentlich weiter seewärts gelegen haben muss, da alte Bäume mit geraden Stämmen neben gekrümmtem Jungaufwuchs stehen.

Radtour
Von Darßdorf zu Darßdorf: Prerow – Born – Wieck – Prerow

Entfernung: ca. 23 km;
Fahrdauer: knapp 3 Stunden

Diese Radtour führt uns durch die drei Darßdörfer, die sich aus einer Mischung ehemaliger Bauern-, Fischer- und Seefahrersiedlungen trotz der geographischen Nähe in unterschiedlicher Art und Weise zu Ferienorten entwickelt haben. „Born hat das Land, Wieck hat den Sand, Prerow den Strand", heißt es im Volksmund. Schauen wir nach.

Wir verlassen Prerow (Ortsbeschreibung siehe Seite 89) über die Lange Straße und den Langseer Weg, um schnell in den Darßwald zu gelangen, wo uns der Neu Langseer Weg am Forsthaus Prerow vorbei zum g-Gestell (Borner Weg) bringt. Hier radeln wir nach links und folgen dem Weg (Symbol Fisch) nach Süden. Ab Peters Kreuz sind es noch drei Kilometer geradeaus bis zur Umgehungsstraße, die wir überqueren, um gegenüber die letzten Meter aus dem Wald herauszufahren. Auf diese Art und Weise kommen wir über die Straße Im Moor und links den

Die rohrgedeckte Fischerkirche in Born wurde 1935 eingeweiht. Der Innenraum des Kirchleins verfügt über eine gute Akustik, sodass hier regelmäßig Konzerte stattfinden.

Kirchweg zur rohrgedeckten Fischerkirche von Born. Das schlichte, von einheimischen Handwerkern nach den Plänen der Hamburger Architekten Jäger und Hopp gebaute Gotteshaus wurde im Jahr 1935 eingeweiht. Aufgrund des Tonnengewölbes verfügt der Innenraum des Kirchleins über eine gute Akustik, sodass die hier regelmäßig stattfindenden Konzerte recht schön klingen. Seit wenigen Jahren erklingt hierbei auch eine neue Orgel der Firma Nußbücker. Der Erholungsort Born (1117 Einwohner) gilt nicht zuletzt aufgrund des ursprünglichen und geschlossenen Ortsbildes als das

OSTSEE

Mittelweg

Prerow

i Start

Krabbenort

Langseerweg

g-Gestell

em. Meeresufer

ecklenburger Weg

D a r ß

Schwinkels Moor

Jagdhaus

Borner Weg

Wiecker Postweg

Wieck

i

Hafen

Darßer Arche

B o d s t e d t e r

B o d d e n

Bliesenrader
Gehölz

Recken-
Eiche

Bliesenrade

Born

i

M

Grabenwiese

Hafen

K o p p e l s t r o m

N

500 m

In manchen Gassen von Born kann sich das Auge an den liebevoll restaurierten Fischerkaten samt deren Gärten kaum satt sehen.

schönste Darßdorf. Um ein paar
reizend bunte Häuser entdecken
zu können, fahren wir zur Straße
Im Moor zurück und folgen der-
selben links bis zur Nordstraße,
in die wir nach links einbiegen.
Schulstraße und Schulplatz bringen uns zur Chausseestraße, die
zum kleinen Hafen, Forst- und
Jagdmuseum „Ferdinand von
Raesfeld" (Nr. 64) und zur Kurverwaltung (Nr. 73b) führt. Das
Forst- und Jagdmuseum ist in
einem kleinen, zur einstigen
Oberförsterei gehörenden Hofge-
bäude untergebracht und zeigt in
mehreren Räumen sowie einer
Scheune neben der Geschichte
des Forsthofes auch präparierte
einheimische Tiere. Besonders
imposant ist ein Ganzkörperprä-
parat zweier Hirsche im Brunft-
kampf. Das Haus ist das einzige
erhaltene Verwaltungsgebäude
für die Forst in Vorpommern aus
der Schwedenzeit.
In der Chausseestraße, wir folgen
ihr bis zum rechts abzweigenden
Bliesenrader Weg, findet sich mit
der Galeriekneipe „TonArt" eine
nette Einkehrmöglichkeit. In der
Karte auf Seite 103 ist ein Abstecher in die Borner Grabenwiese
eingezeichnet, der einen prächtigen Blick über den Bodden (Kop-
pelstrom) ermöglicht.

Ab Bliesenrader Weg sind es noch 4,6 Kilometer bis nach Wieck. Die ruhige Wohnstraße geht bald in einen schmalen Wander- und Radweg, später in einen Betonplattenweg über. Auf dieser Strecke kommen wir an der Recken-Eiche vorbei, einem Gedenkstein für Freiherr Kurt von der Recke, der vor dem Ersten Weltkrieg Forstmeister auf dem Darß war. Bei der Schautafel zum Naturpark biegen wir links ab und erreichen auf dem Deich bald das beschauliche Wieck. Der staatlich anerkannte Erholungsort (knapp 750 Einwohner, einschließlich Bliesenrade) hat bemerkenswerte ehemalige Fischerhäuser und Doppelbüdnereien zu bieten. Ferner stehen hier der Hafen (mit Badestelle) und das Nationalpark Infozentrum Darßer Arche (Bliesenrader Weg 2) auf dem Besuchsprogramm. Das Nationalpark- und Gästezentrum informiert auf über 500 Quadratmetern Ausstellungsfläche mit abwechslungsreichen Medien und Präsentationsformen über den Nationalpark Vorpommersche Boddenlandschaft. Das ökologisch erbaute und mit Solarenergie betriebene Haus wird durch eine Galerie mit Kreativwerkstatt ergänzt. Die Kurverwaltung Wieck

Der kleine Boddenhafen von Wieck ist Heimathafen einiger Traditionsboote. Als Wasserwanderrastplatz verfügt er über öffentliche Sanitäreinrichtungen. Auf der Wiese vor dem Badestrand befindet sich auch eine freie Grillstelle.

und das Bio-Café Fernblau sind hier ebenfalls ansässig (www.fernblau.com).

Zum Schluss orientieren wir uns nach Osten (Richtung Ortsteil Jagdhaus) und radeln auf dem ausgeschilderten Rad- und Wanderweg nach Prerow zurück. Die 5,3 Kilometer lange Reststrecke durch weitläufiges Grünland beginnt zunächst auf einer einfach zu befahrenen Teerdecke, geht dann aber leider wieder in einen holprigen Betonplattenweg über. Der Weg endet direkt am Ortseingang von Prerow. Unterwegs treffen wir noch auf zwei Aussichtsplattformen, die einen schönen Blick über die Wiecker Wiesen ermöglichen.

Service

Information

18375 Prerow:

Kur- und Tourismusbetrieb
Gemeindeplatz 1
Tel. 038233/6100, Fax 61020
www.ostseebad-prerow.de

18375 Born:

Kurverwaltung
Chausseestraße 73b
Tel. 038234/50421, Fax 50431
www.darss.org

18375 Wieck:

Kur- und Tourist GmbH Darß
Kurverwaltung Wieck
Bliesenrader Weg 2
(in der Darßer Arche)
Tel. 038233/201, Fax 703819
www.erholungsort-wieck-darss.de

Unterkunft

18375 Prerow:

Seegasthof & Hotel „Am Hafen"
Lange Straße 2
Tel. 038233/328
www.seegasthof.de
Maritimes Gebäude (vier Zimmer) mit denkmalgeschützter Holzveranda im Bäderstil der Jahrhundertwende.

Urlauberschiff Störtebeker
Kirchenort 7
Tel. 0177/3134969
www.natur-raum-darss.de
Das festverankerte Wohnschiff wurde von 2010 bis 2013 sehr geschmackvoll nach ökologischen Aspekten saniert. Mit Sonnendeck und Gartenplätzen kann es als Ferienhaus für bis zu acht Personen gebucht werden. Ein echter Tipp!

Hotel und Restaurant
Waldschlösschen
Bernsteinweg 9
Tel. 038233/6170, Fax 617403
www.waldschloesschen-prerow.de
Das familiär geführte First-Class-
Hotel in parkähnlicher Anlage mit
individuell gestalteten Zimmern
verfügt über einen großen Wellnessbereich samt Außenpool
und beherbergt mit dem Titania
ein hervorragendes Restaurant.

Hotel & Restaurant Alter Bahnhof
Kirchenort 1
Tel. 038233/7070, Fax 70729
www.bsw24.de
Im Jahr 2015 wieder eröffnetes
Hotel und Restaurant im stillge-
legten Prerower Bahnhof.

18375 Born:

Pension Walfischhaus
Chausseestraße 74
Tel. 038234/55784, Fax 55785
www.walfischhaus.de
Ihren Namen verdankt die direkt
am Borner Hafen gelegene Pension (acht Zimmer) zwei Walfisch-
knochen, die den Torbogen bilden. Im klassischen Landhausstil
eingerichtet, sorgt das Haus für
eine freundliche Atmosphäre.
Heller Wintergarten, Sonnenter-
rase, Café und Restaurant mit
ökologischer Küche im Haus, die
sich von den vier Jahreszeiten in-
spieren lässt.

18375 Wieck:

Hotel Haferland
Bauernreihe 5a
Tel. 038233/680, Fax 68220
www.hotelhaferland.de
Freundliches Rohrdachhaus (45
Zimmer und Appartements) liegt
direkt am Hafen mit ausgezeich-
netem Restaurant.

Cafés und Restaurants

18375 Prerow:

Café am Leuchtturm Darßer Ort
(siehe Natureum Seite 97, nur
für Natureumsbesucher)

Hotel und Restaurant
Alter Bahnhof
Kirchenort 1
Tel. 038233/7070, Fax 70729
Originelles Restaurant mit
Eisenbahn-Ambiente. Regionale
Küche und Fischgerichte. Gemüt-
liche Terrasse im Sommer.

Teeschale – Teestube und Laden
Waldstraße 50
Tel. 038233/60845, Fax 60846
www.teeschale.de
Der Leitspruch des Hauses: „Hier
trinkt man Tee – mit Kultur."
Loser Tee und frischer Kuchen in
heimeliger Atmosphäre. Verkauf
von über 130 Teesorten. Die In-
haberin ist die Enkelin des letzten Prerower Leuchtturmwärters.

Teestube täglich 12 bis 22 Uhr;
Laden Mo bis Sa 10 bis 18 Uhr,
So 13 bis 18 Uhr

Seegasthof & Hotel „Am Hafen"
Lange Straße 2
Tel. 038233/328
www.seegasthof.de
Maritimes Gebäude mit denk-
malgeschützter Holzveranda im
Bäderstil der Jahrhundertwende.
Hier wird Fisch zubereitet.
Öffnungszeiten: täglich bis 22
Uhr

Fischrestaurant Seeblick
Hauptübergang zum Strand
Tel. 038233/348
www.wolff-prerow.de
Ehemaliges Warmbad von 1895
direkt an der Seebrücke von Prerow. Gemütlich eingerichtetes
Restaurant mit schönen Dach-
terrassen, das seinem Namen
alle Ehre macht. Fisch- und
Fleischgerichte, Kinderteller,
Weinkarte, Rostocker Pils, Tages-
karte. Öffnungszeiten: täglich ab
11.30 Uhr. Eine Attraktion!

Voß Gute Stube
Villenstraße 6
Tel. 038233/60136, Fax 60138
www.pension-voss-prerow.eu
Fleisch- und Fischspezialitäten
aus der Region; Pension Voß bietet auch 14 Ferienwohnungen an.

18375 Born:

Café TonART
Chausseestraße 58
Tel. und Fax 038234/55957
www.cafe-tonart.de
Galeriekneipe mit Gartenterrasse.

Peterssons Hof Café &
Restaurant
Bäckergang 12b
Tel. 038234/55720
www.peterssons-hof.de
Gemütliches Restaurant mit offe-
nem Kamin. Regionale Land-
hausküche, „Langschläfer"-Früh-
stück, leckerer Kuchen, Terrasse.
Sollte man nicht verpassen!

Café & Restaurant Walfischhaus
Chausseestraße 74
Tel. 038234/55784, Fax 55785
www.walfischhaus.de
Liegt direkt am Borner Hafenbecken. Große Terrasse mit Blick auf
den Bodden. Kleine (ökologische)
Speisekarte. Das nachhaltig geführte Haus ist von Do bis Di zwischen 12 und 22 Uhr geöffnet.

18375 Wieck:

Restaurant im Hotel Haferland
Bauernreihe 5a
Tel. 038233/680, Fax 68220
www.hotelhaferland.de
Drei Restaurants unter einem
Dach: „Gute Stube" (feine, regionale Küche), „Bajazzo" (vegetari-
sche Küche für Feinschmecker)
und „Fass 36" (integrierte Schau-
küche).

Bio-Café Fernblau
Bliesenrader Weg 2
Tel. 038233/701131, Fax 701132
www.fernblau.com/cafe

Restaurant und Fischladen
Fischers Hof
Nordkaten 1
Tel. 038233/491
www.fischers-hof.de
Wer auf der begehrten Terrasse
des Haferlands keinen Platz ge-
funden hat, fährt weiter zum
Fischers Hof.

Museen

18375 Prerow:

Darß-Museum
Waldstraße 48
Tel. 038233/69750
www.foerderverein-darss-
museum.de
Öffnungszeiten: April Mi bis So
10 bis 17 Uhr; Mai bis Oktober Di
bis So 10 bis 18 Uhr; November
bis März Fr bis So 13 bis 17 Uhr

Natureum Darßer Ort
Darßer Ort 1–3
Tel. 038233/304, Fax 70448
www.meeresmuseum.de/
natureum
Öffnungszeiten: Mai bis Oktober
täglich 10 bis 18 Uhr; November
bis April Mi bis So 11 bis 16 Uhr,
letzter Einlass 30 Minuten vor
Schließung

18375 Born:

Forst- und Jagdmuseum
„Ferdinand von Raesfeld"
Chausseestraße 64
Tel. 038234/30297, Fax 30299
Öffnungszeiten: Ende April bis En-
de Oktober Di bis So 10 bis 16 Uhr

Kulturangebote

18375 Prerow:

Kulturkaten „Kiek In"
Waldstraße 42
Tel. 038233/61025

18375 Born:

Sommertheater Born
Chausseestraße 90
(ehem. Schule)
Tel. 038234/50421
In der Hauptsaison Theater,
Kabarett, Konzerte und Veran-
staltungen auf der Kleinkunst-
bühne Born

Fischerkirche Born
Kirchweg
Führungen für Gruppen können
im ev. Pfarramt Prerow unter
Tel. 038233/69133 angemeldet
werden.

18375 Wieck:

Darß-Festspiele Wieck e. V.
Chausseestraße 64
Tel. 038234/55812
www.darssfestspiele.de
Seit 2009 finden die Festspiele
des in Wieck ansässigen Vereins
auf der neuen Freilichtbühne in
Born im Hof des Forst- und Jagd-
museums statt.

Darßer Arche
Nationalpark und Gästezentrum
Bliesenrader Weg 2
Tel. 038233/70380,
Fax 703819
www.darsser-arche.de
Öffnungszeiten: Mai bis Oktober
täglich 10 bis 18 Uhr; November
bis April Do bis Sa 10 bis 16 Uhr

Veranstaltungen

Darß-Marathon:
Tel. 038233/6100
www.darss-marathon.de

18375 Prerow:

Kinderfest: Anfang Juni
Seebrückenfest: Samstag nach
Himmelfahrt
Tonnenabschlagen: 4. Sonntag
im Juli

18375 Born:

Kinderfest: 2. Samstag im Juni
Tonnenabschlagen: 1. Sonntag
im August

18375 Wieck:

Tonnenabschlagen: 4. Sonntag
im Juni

Kutsch- und Kremserfahrten

18375 Prerow:

(Linienfahrten zum Leuchtturm
Darßer Ort):

Kutsch- und Kremserfahrten
Bergmann
Bogislav-Rosen-Weg 3
Tel. und Fax 038233/70277,
Mobil 0171/6041651
www.kutschfahrten-bergmann.de

Darßtour Alfred Kayserling
Schmiedeberge 20
Tel. 0171/5286744,
Fax 038233/60749
www.kutscherhof-kayserling.de

Reiten, Kutsch- und Kremser-
fahrten Grolik
Grüne Str. 28a
Tel. und Fax 038233/412,
Mobil 0170/5800334

Der Zingst

So urwüchsig wirkt der Strand am Pramort,
im Osten des Zingst. Hier läuft die
Sundische Wiese in eine spektakuläre
Dünenlandschaft aus, ins größte
unbewaldete Dünenfeld der deutschen
Ostseeküste.

Der Zingst

Der Zingst, das östliche Stück der Halbinselkette, erstreckt sich mit einer durchschnittlichen Breite von zwei Kilometern vom Prerowstrom im Westen bis Pramort im Osten über eine Länge von mehr als zwanzig Kilometern. Bei Pramort am Ostzipfel wächst der Zingst in das flache Windwatt (Flachwasserbereiche, die bei windbedingtem Niedrigwasser trocken fallen) und wird in absehbarer Zeit die Strömungsrinne zwischen Pramort und der Großen Werderinsel schließen. Die Barhöfter Rinne, das Fluttor zwischen den Inseln Bock und Hiddensee, kann nur durch regelmäßiges Ausbaggern freigehalten werden. Neben zwei Waldgebieten sind vor allem die großen Areale der Sundischen Wiese für das Landschaftsbild des Zingst charakteristisch. Durch Beweidung und regelmäßige Überflutung von Röhrichtgürteln entstanden auf der Boddenseite des Ostzingst ökologisch wertvolle Salzgrasflächen. Südlich vor Zingst, durch den Zingster Strom vom Festland getrennt, liegen die Salzgrasland-Inseln Große Kirr und Barther Oie.

Ausrangiert, aber fotogen: altes Fischerboot am Strand in Zingst.

Beide Inseln stehen seit 1967 unter Naturschutz und sind wichtige Elemente des Küstenvogelschutzes. Der Name „Zingst" wird vom slawischen „Zeno" abgeleitet und bedeutet soviel wie Heu.

Der Sandstrand zieht sich kilometerlang hin. Man erreicht ihn über zahlreiche Strandüber-
gänge.

Nach dem katastrophalen Sturmhochwasser vom November
1872 begann man auch hier mit
umfangreichen Küstenschutz-
maßnahmen. Ab 2006 wurde auf
dem Ostzingst das vorhandene
Sturmflutschutzsystem bis 2013
etappenweise komplett umge-
staltet. Während neue Deiche
(„Riegeldeich" und „Seedeich",
siehe Karte Seite 131) den
Schutz für die Ortslage Zingst
und anliegender Ortsteile ge-
währleisten sollen, wird der teilweise Rückbau vorhandener Alt-
deiche sowohl am Ostsee- als
auch am Boddenufer die Voraussetzungen für Renaturierungs-
prozesse im Bereich der Sundischen Wiese schaffen. Auf den
Deichkronen entstanden neue
Rad- und Wanderwege bis zum
Pramort.

Spaziergang
Ostseeheilbad Zingst – zwischen Hafen und Seebrücke

Auf einem kleinen Spaziergang von knapp drei Kilometern lernen wir ein paar schöne Ecken und die wichtigsten Sehenswürdigkeiten des Ortes kennen. Mit seinen 3129 Einwohnern ist Zingst der zentrale Ort des gleichnamigen Halbinselabschnitts. Er ist aus den drei alten Siedlungen Pahlen, Hanshagen und Rotes Haus hervorgegangen und hat sich mit der Gründung des „Bade-Comités" im Jahr 1881 von einem alten Seefahrer- und Fischerdorf zum größten Ostseebad der Region entwickelt. Der Bauboom ist ungebrochen. Im Jahr 1996 wurde das Kurmittelzentrum eröffnet, bis 1998 die Flaniermeile fertiggestellt, die von der Seebrücke bis zum Hafen führt. Seit Mai 2002 führt der Ort das Prädikat Ostseeheilbad.

Wir starten am Hafen, wo die Hafenmeisterei schon von weitem grüßt. Zur Blütezeit der Segelschifffahrt herrschte hier ein reges Treiben – Zingst hatte nach Stralsund und Barth die meisten Schiffe. Heute liegen hier die Ausflugsschiffe, die über den Zingster Strom in die Bodden fahren. Die „MS Sundevit" fährt im Fährverkehr zur Insel Hiddensee und nach Stralsund (siehe Seite 147). Der Zingster Hafen verfügt ferner über einen Wasserwanderstützpunkt und Anlegeplätze für Yachten. Im Juli wird alljährlich das Hafenfest veranstaltet.

Im Ostseebad Zingst findet sich nur wenige Meter vom Hafen entfernt die Friedenseiche, die im Gegensatz zu den meisten Bäumen des Landstrichs eine imposante Höhe erreicht hat.

Einladend: Durch diese Tür hinter blühendem Klatschmohn möchte man gerne eintreten. Sie führt in das „Haus Morgensonne", das Heimatmuseum von Zingst.

Wir verlassen den Hafen über die Strom- und die Werftstraße (es gab in Zingst einst Bootsbauplätze), um links in die Jordanstraße einzubiegen. Nach wenigen Metern treffen wir an einem Straßendreieck auf das hübsche Fachwerkgebäude Haus Morgensonne (Strandstraße 1). In dem denkmalgeschützten ehemaligen Kapitänshaus aus dem Jahr 1867 ist seit über zwanzig Jahren das Heimatmuseum der Gemeinde Zingst zu Hause. Neben Ausstellungen zur Wohn- und Handwerkskultur wird vor allem die große Ära der Zingster Segelschifffahrt durch zahlreiche Exponate dokumentiert. Hier „treffen" wir mit Martha Müller-Grählert auch auf die berühmteste Zingsterin, die mit einem Reisekoffer und einem Sonnenschirm durch ihr Gedenkzimmer spaziert, obwohl sie doch schon längst nicht mehr unter uns ist.

Martha Müller-Grählert – weltbekannte „Ostseewellen"

Wo de Ostseewellen trecken an den Strand,
wo de gele Ginster bleuht in'n Dünensand,
wo de Möven schriegen grell in't Stormgebrus,
dor is mine Heimat, dor bün ick to Hus.

Diese Zeilen stammen aus dem Gedicht „Mine Heimat", das als Ostseelied und fälschlicherweise auch als Nordseelied bekannt geworden ist. Der Text stammt aus der Feder der Zingster Heimatdichterin Martha Müller-Grählert (1876–1939), die es vor rund hundert Jahren, als sie in Berlin für eine Zeitungsredaktion arbeitete, wohl aus Heimweh geschrieben hat. Vertont wurde es von dem Züricher Dirigenten Simon Kranning, dem der Text per Zufall in die Hände fiel, nachdem er im Jahr 1908 in den „Meggendorfer Blättern" veröffentlicht worden war. Als Lied kam es an die Waterkant zurück, wo es zunächst an der deutschen Nordseeküste zur Heimathymne wurde – nun allerdings mit Nordseewellen. Später erschien das Lied in vielen Sprachen und diversen Varianten und ging als Schlager der Volksmusik um die ganze Welt. Es wird berichtet, dass Martha Müller-Grählert erst drei Jahre vor ihrem Tod die Urheberrechte zugesprochen worden sind. Sie starb im Altersheim in Franzburg (Vorpommern). Ihre letzte Ruhestätte fand sie auf dem Zingster Friedhof.

Etwas versteckt liegt die Peter-Pauls-Kirche in Zingst. Die Dorfkirche mit dem aufwendi-gen Staffelgiebel wurde im Jahr 1862 vollendet.

Nach dem Museumsbesuch fol-gen wir der Strand-, Fritz-Reuter- und Lindenstraße (Postplatz), um links in den Kirchweg einzubie-gen, der uns direkt zur ziemlich versteckt liegenden turmlosen Peter-Pauls-Kirche führt. Die Dorfkirche mit dem aufwendigen Staffelgiebel wurde im Jahr 1862 höchstwahrscheinlich nach einem Entwurf des Schinkel-schülers Friedrich August Stüler (1800–1865) in neugotischer Form fertiggestellt. Ein Bauer hatte sein „Roggenstück" als Bauplatz der Kirchengemeinde geschenkt. Die Kirchenorgel mit 17 klingenden Registern ist neueren Datums (1986). Seit 2008 ist das Gebäude über eine Rampe auch für Rollstuhlfahrer zugänglich. Während der Saison

Auch in der Nähe der Zingster Kirche finden sich schöne Exemplare der typischen geschnitzten Haustüren.

(Juni bis September) werden freitags um 20 Uhr Kirchenkonzerte angeboten. Darüber hinaus finden Sonderkonzerte und -veranstaltungen statt (siehe Aushang und „Monatszettel" in der Kirche). Auf dem schönen Friedhof liegt neben einem hölzernen Glockenturm und einigen bemerkenswerten Seemannsgräbern auch die Grabstätte von Martha Müller-Grählert. Wir verlassen den Kirchhof durch das Backsteinportal auf der Westseite. Schon bevor wir über den Gang die Straße erreichen, können wir in der Verlängerung des Weges ein sehr schönes Exemplar der typischen geschnitzten Haustüren erkennen. Hier biegen wir rechts in die Störtebekerstraße

270 Meter langer mondäner Besuchermagnet: die Seebrücke von Zingst. Sie wurde im Jahr 1993 am Hauptübergang neben dem Kurhaus eröffnet.

und nach wenigen Metern links in den Nehmzowsgang, um so die Klosterstraße zu erreichen. Diese Straße gehört, genau wie die hier parallel verlaufende Strandstraße, zur neugestalteten verkehrsberuhigten Zone, der Zingster „Flaniermeile". Wir orientieren uns nach Norden und kommen bald zu dem ansprechenden Gebäude der Kurverwaltung. Auch hier ist alles neu. Ebenso wie das Kurhaus (Haus des Gastes), das wir auf den letzten Metern zur Seebrücke hinterm Seedeich (Hauptübergang) passieren. Die 270 Meter in die Ostsee ragende hölzerne Promenade wurde im Jahr 1993 eröffnet. Am Kopf der Pier endet unser Bummel durch Zingst.

Wanderung
Zur Messstelle des Umweltbundesamts

Entfernung: 8 km;
Wanderdauer: 2,5 Stunden

Diese Wanderung führt von
Zingst durch die Zingster Heide
nach Müggenburg und zurück.
An der Strecke liegt die in das
Luftmessnetz des Umweltbundesamts (UBA) integrierte Messstelle Zingst. Wer die hochemp-
findlichen Messgeräte nicht nur
von der Straße erspähen, sondern genauer ansehen und er-
klärt haben möchte, meldet sich
vor der Tour rechtzeitig bei der
Messstellenleitung an (siehe
Seite 126).

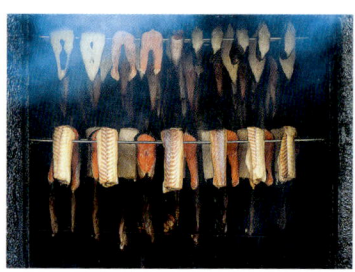

Ein Räucherofen macht neugierig. Zum
Glück lassen sich die Mitarbeiter von
Fischer Kruse im Zingster Hafen bei der
Arbeit gern über die Schulter schauen.

In Zingst starten wir am Hafen
und wandern auf dem Deich,
begleitet vom Zingster Strom,
Richtung Osten. Nach zwei ruhi-
gen Kilometern erreichen wir die
Zingster Heide, eine ca. drei Hektar umfassende Heide- und
Flachmoorlandschaft. Hier wachsen neben Heidekraut und Glo-
ckenheide typische Heidebäume
wie Kiefer, Wacholder und Eber-
esche. Ringelnattern, Eidechsen
und Kreuzottern queren selten
den Weg. Bald überbrücken wir
die Niederung der Alten Straminke (ehemaliges Seegatt) und
gehen südostwärts bis zur Anle-
gestelle der Kirr-Fähre. Mit der
kleinen Seilfähre werden jedes
Jahr über 400 Rinder zur Som-
merweide auf die Vogelschutz-
insel gebracht. Hier verlassen wir
das Boddenufer und wandern
auf der Dorfstraße durch den Ort
Müggenburg zur Landstraße, in
die wir links einbiegen.
Auf dem Weg zurück nach Zingst
kommen wir linker Hand an einer
Messstelle des Umweltbundesamts vorbei (Landstraße 3).

OSTSEE

Zingst

Seebrücke

Osterwald

gst

n

Grabow

Muggenburg

Oie

Klein Kirr

Zingsthof

UBA

Straminke

Gänse-brink

Z

Strom

Große Kirr

Fitt

Bresewitz

Kleine Kirr

Hafen

P

Start

Zingster

N

500 m

Ombrometer, Hygrometer und zahlreiche andere Messgeräte der Außenstelle Zingst des Umweltbundesamts. Eine Besichtigung der Messstelle ist möglich.

Küstenregion sowie der Stoffflüsse aus der Atmosphäre in die Ostsee, unter anderem im Rahmen des Programms HELCOM (Helsinki-Übereinkommen zum Schutz der Meeresumwelt des Ostseegebiets).

Nach der (möglichen) Besichtigung der Messstelle benutzen wir die Landstraße, um zum Deich und auf ihm zurück nach Zingst zu laufen.

Aerem corrumpere non licet – es ist nicht erlaubt, die Luft zu verunreinigen! Da sich kaum jemand an dieses Gebot hält, besteht großer Bedarf an Messdaten zur Luftqualität. Das Umweltbundesamt hat deshalb ein Messnetz geformt, das sich mit kontinuierlichen Messungen an ausgewählten Orten wie ein Netz über Deutschland spannt. In Zingst werden unter anderem die Gase Schwefeldioxid, Ozon und Kohlendioxid in hoher zeitlicher Auflösung (Halbstundenmittel) gemessen. Von den meteorologischen Parametern werden die Temperatur, relative Luftfeuchte, Windrichtung und -geschwindigkeit sowie Luftdruck und Niederschlag erfasst.

Im Zentrum der Stationsarbeit steht die Untersuchung der Hintergrundbelastung der Luft in der

Anmeldung und Information

18374 Zingst:

Umweltbundesamt
Messstelle Zingst
Landstraße 3
Tel. 038232/15596, Fax 15597
E-Mail: barnim.thees@uba.de
Leitung: Diplom-Meteorologe Barnim Thees
Die ehemalige Forschungsstation des Meteorologischen Dienstes der DDR zur Sondierung der mittleren Atmosphäre wurde Ende 1991 in das Luftmessnetz des Umweltbundesamts integriert.

Wanderung
Zingst – Hohe Düne – Hertesburg – Zingst

Entfernung: 16 km;
Wanderdauer: 4 Stunden

Wir starten in Zingst an der Seebrücke und wandern auf dem
Deich Richtung Prerow. Nach
sechs unspektakulären Kilometern erreichen wir die Hohe Düne
vor den Toren Prerows, unser ers-
tes Etappenziel. Zum Aussichtspunkt auf der über 13 Meter hohen Weißdüne führen vorge-
schriebene Wege. Einige Sitzgelegenheiten laden zur Rast und
Fernsicht ein. Von hier erschließt
sich uns sowohl ein großartiger
Blick über den Strand und die
Ostsee – im Westen ist die Land-
spitze von Darßer Ort auszuma-
chen – als auch über die Boddenlandschaft mit dem in großen
Schlingen mäandrierenden Prerowstrom. An diesem exponierten
Ort stand bis zur Wende ein
Grenzbeobachtungsturm. Nach
diesem Halt geht es auf dem
Deich Richtung Zingst ein kleines
Stück bis zum Strandübergang
21 (Am Schlaat) zurück. Hier verlassen wir den Deich und queren
die Straße, um die Wanderung
auf dem gegenüberliegenden
Schotterweg fortzusetzen. Nach

Der originalgetreue Mississippi-Dampfer
läuft von März bis November täglich von
Prerow zu einer Rundfahrt auf den Bodstedter Bodden aus.

800 Metern durch ruhige Wie-
senlandschaft und links vorbei
am kleinen Papensee sind wir
am zweiten Etappenziel. Eine
hoch über der Umgebung ste-
hende Baumgruppe verrät bereits von weitem die Lage der
Hertesburg. Leider sind von der
wahrscheinlich im 13. Jahrhundert entstandenen und im
14. und 15. Jahrhundert als
Jagdschloss der Rügenfürsten
bzw. Pommernherzöge genutzten
slawischen Burg nicht mehr als
die Reste des Burgwalls und des
zwischen ihnen liegenden
Grabens vorhanden. Noch im

Blick von der Zingster Seebrücke in Richtung Westen, wo man am schier endlosen Strand ausgedehnte Spaziergänge unternehmen kann.

16. Jahrhundert mussten die Fischländer Bauern und Fischer Abgaben an den Hauptmann der Hertesburg zahlen, für die sich im Volksmund bis heute die Bezeichnung „Slat" (Schloss) erhalten hat. Der einstige Turmhügel ist als Bodendenkmal geschützt. In dessen Mitte steht heute eine kleine Kapelle, die 1928 vom ominösen „Orden der neuen Templer" gegründet wurde. Aktuell befindet sich auf dem Areal die Herberge an der Hertesburg, eine Unterkunft für Klassenfahrten, Ferienfreizeiten und Gruppenreisen (www.herberge-prerow.de).

Ein kleines Schild auf dem Gelände zeigt uns den in kaum einer Karte eingetragenen Wiesenweg, der mehr oder weniger dicht am Innendeich entlang nach Zingst führt. Nach ca. 2,5 Kilometern verlassen wir den idyllischen Prerowstrom und nehmen links den Fischersteig, der uns durch das Freesenbruch (Waldmoorgebiet) leitet. Freesenweg, Waldstraße, Neue Reihe, Schulstraße und Strandstraße bringen uns zum Ausgangspunkt der Tour zurück.

Radtour
Zur Hohen Düne von Pramort

*Entfernung: kurz 19 km,
lang 34 km;
Fahrdauer: 1,5 bzw. 3 Stunden*

Die lange Variante dieser Radtour, die uns an den Ostzipfel der Halbinselkette führt, geht von Zingst durch den Osterwald nach Pramort. Bei der kürzeren Version beginnt der Ausflug erst am Parkplatz Sundische Wiese, wo die Möglichkeit besteht, sich ein Rad für die Fahrt nach Pramort zu leihen.

Der Startpunkt liegt wieder bei der Seebrücke in Zingst. Auf der Deichkrone geht es anfangs immer ostwärts. Wir biegen bald nach halb rechts auf den neuen Seedeich. Am Ende des Waldes stoßen wir auf den Parkplatz Sundische Wiese und ein Stück weiter auf das gleichnamige Infozentrum, wo man sich über den Lebensraum informieren kann, den wir uns auf den nächsten Kilometern erschließen werden. Vor uns liegen acht Kilometer kurvenlose Asphaltpiste auf der Deichkrone. Hin und wieder laden überdachte Sitzgelegenheiten mit Tischen zur Rast ein. Linker Hand liegt ein zwischen den

Jahren 1937 und 1992 militärisch genutztes Gelände, das lange Zeit mit Kampfmittelresten stark belastet war. Den Endpunkt der Straße markiert Pramort (Pram: Fähre für Vieh). Hier kann man vom Beobachtungsturm über die wunderbare Naturlandschaft schauen, der Blick reicht bis zur Insel Hiddensee. Falls die Jahres- und Tageszeit stimmt, bietet sich an dieser Stelle mit dem Anflug der Kraniche ein großartiges Naturschauspiel. Der Weg zur Hohen Düne ist ausgeschildert. Bei der mit maximal 13 Metern Höhe mächtigsten waldfreien Weißdüne Deutschlands existieren zwei weitere Besucherplattformen. Der Wendepunkt der Tour ist erreicht. Der Rückweg zum Parkplatz beziehungsweise nach Zingst erfolgt auf der gleichen Route.

N

1000 m

Großer Werder

Pramort

Butter Wiek

Hohe Düne

Seedeich (ab 2012)

Sundische Wiesen

O S T S E E

Große Wiek

G r a b o w

Seedeich (ab 2010)

g

Riegel-deich (ab 2007)

Start (kurz)

P

Seedeich (ab 2009)

Kleine Wiek

Osterwald

n

Oie

i

Muggenburg

Z

Klein Kirr

Start (lang)

Zingsthof

Große Kirr

Zingst

Strominke

Kraniche – die Vögel des Glücks

Zweimal im Jahr spielt sich in der Boddenregion ein einzigartiges Schauspiel ab: Mehrere zehntausend Exemplare der nord- und osteuropäischen Population des Grauen Kranichs (Grus grus) legen auf ihrer Wanderung zwischen dem Brutgebiet und der Winterherberge in diesem Raum eine Pause ein und verwandeln die sogenannte Rügen-Bock-Zingst-Region zu einem der größten Kranichrastplätze Mittel- und Nordeuropas. Während sich die majestätischen Großvögel (Vogel des Jahres 1978) im Frühjahr auf ihrem Zug in die nördlichen Brutgebiete im Allgemeinen nur kurz aufhalten, frisst sich ein Großteil des Bestands auf dem Herbstzug über mehrere Wochen von etwa Mitte August bis Mitte November die nötigen Reserven an, um die Überwinterungsquartiere in Spanien, Südfrankreich oder Nordafrika wohlbehalten zu erreichen. Einige Vögel brüten aber auch im Nationalpark. Alljährlich werden in Mecklenburg-Vorpommern mehr als tausend Brutpaare gezählt. Tagsüber sieht man die grazilen Vögel auf den boddennahen Wiesen und Feldern (besonders auf den im Herbst schon abgeernteten Maisfeldern) nach Nahrung suchen. Bei Einbruch der Dämmerung suchen sie zum Schlafen in schier endlosen Ketten die Flachwasserbereiche der Boddengewässer auf, die ihnen Schutz vor Feinden bieten. Begleitet werden die langbeinigen Vögel von bis zu 104 weiteren Zugvogelarten. Wer dieses imposante Schauspiel beobachten möchte – und das sei jedem unbedingt angeraten –, sollte die hierzu von der Nationalparkverwaltung jenseits der Fluchtdistanz der Kraniche (mindestens 300 Meter) zum Beispiel am Pramort oder am Deich in Zingst eingerichteten Beobachtungspunkte aufsuchen. Nur so ist sichergestellt, dass die Tiere so wenig wie möglich gestört werden. Durch häufiges Verlegen ihres Aufenthaltsorts müssten die Kraniche unnötig ihre Energiereserven angreifen, die sie für den Nonstop-Flug benötigen. Empfehlenswert ist außerdem der Besuch des Kranich-Informationszentrums in Groß Mohrdorf. Hier haben Besucher die Mög-

Eine grandiose Attraktion: Viele tausend Kraniche verwandeln die Boddenregion auf ihrer Wanderung zwischen dem Brutgebiet und der Winterherberge in einen der größten Kranichrastplätze Mittel- und Nordeuropas. Tagsüber halten sich die Kraniche zur Nahrungsaufnahme auf den abgeernteten Getreidefeldern der Festlandküste auf. Um sie von neu eingesäten Flächen fernzuhalten, praktiziert man an verschiedenen Stellen eine ablenkende Fütterung.

lichkeit, in der ganzjährig geöffneten Dauerausstellung auf einer Fläche von 140 Quadratmetern verschiedene Großvögel aus nächster Nähe in Schaukästen zu bewundern. Infotafeln mit ausgesuchten Kranichmotiven sowie ein Videofilm berichten über das Leben der aschgrauen Vögel. Im Infozentrum kann man sich ferner über die aktuelle Rastsituation informieren. Gleichzeitig werden hier die Daten zur Bestandsentwicklung in Deutschland erfasst und gespeichert. In Hohendorf (14 Kilometer nordwestlich von Stralsund) unterhält der Verein zum Schutz und Erhalt des Kranichrastplatzes Rügen-Bockregion e. V. das im Oktober 1997 eingeweihte „Kranich-Utkiek". Dort kann man, vor Wind und Wetter geschützt, die Vögel in Ruhe beobachten und fotografieren.

Eine der vielen von der Nationalparkverwaltung aufgestellten und betreuten Aussichtsplattformen (hier bei Pramort) ermöglicht den Vogelfreunden einen ungestörten Blick auf
die Kraniche.

Auf eine ganz andere Art und Weise begegnet uns der Grus grus im Kranich Museum, das im alten Hessenburger Gutshaus (ca. neun Kilometer Luftlinie nordöstlich von Ribnitz-Damgarten) untergebracht ist. Denn hier wird die künstlerische Umsetzung der Beziehung Kranich – Mensch gezeigt. Alle Ausstellungsstücke wurden speziell für dieses Museum geschaffen. Infoadressen siehe unter „Kraniche" in Informationen von A bis Z auf Seite 150ff.

Nationalpark-Infozentrum Sundische Wiese Tel. 038234/5020 www.nationalpark-vorpommer-sche-boddenlandschaft.de Lebensräume auf dem Ostzingst und den angrenzenden Wattflächen werden in Wort und Bild dargestellt. Eine „Zeitmaschine" lässt Naturabläufe lebendig werden. Öffnungszeiten: Januar bis März täglich 10 bis 16 Uhr; April bis Dezember täglich 10 bis 17 Uhr. Eintritt frei

Radtour
Von Zingst nach Barth und zurück (mit Kirchturmbesteigung)

Entfernung: 25 km (ohne Stadtrundgang); Fahrdauer: 2,5 Stunden

Wer diese Tour nicht ganz mit dem Fahrrad machen möchte, kann auch per Schiff ab Hafen Zingst nach Barth übersetzen (Fahrradmitnahme möglich). Wir starten am Hafen und benutzen den Radwanderweg „Südlicher Boddenweg" (hier zunächst auf dem Deich) südwestwärts. Der markierte Weg führt uns zur Meiningenbrücke, der Verbindung zum Festland. Vor der 470 Meter langen stählernen Drehbrücke von 1908 wechseln wir auf die linke Straßenseite. Hinter der Brücke geht es rechts weiter. Auf dem Radweg längs der im Jahr 1945 stillgelegten Darßbahn (Barth–Prerow) radeln wir rechts vorbei an Pruchten bis zur Landstraße, die linker Hand über den Ortsteil Tannenheim nach Barth führt. Durch den Ort fahren wir über die Barther Straße und Dammstraße zum Markt.
Die „Vineta-Stadt" Barth, das Tor zum Zingst und Darß, wurde um das Jahr 1200 am Platz einer

Die Meiningenbrücke führt über den Meiningenstrom und verbindet die Halbinsel Zingst mit dem Festland bei Bresewitz. Die von 1908 bis 1912 als Eisenbahnbrücke gebaute, wenig leistungsfähige, als stählerne Drehbrücke ausgeführte Straßenbrücke soll durch einen Neubau ersetzt werden.

alten slawischen Siedlung gegründet und erhielt am 17. April 1255 vom Fürsten Jaromar II. von Rügen das lübische Stadtrecht verliehen. Die legendäre Stadt Vineta – ein geheimnisvolles und bis heute nicht gefundenes Handelszentrum an der Ostseeküste – soll nach jüngsten Untersuchungen einst vor dem heutigen Barth untergegangen sein. Vom Marktplatz der 8700 Einwohner zählenden Kleinstadt

Die Orgel von St. Marien in Barth wurde 1821 von Johann Simon und Carl August Buchholz aus der einst bedeutendsten Orgelbauerfamilie Preußens gebaut und hat 42 klingende Stimmen.

begeben wir uns zur St. Marienkirche. Der dreischiffige gotische Backsteinbau wurde im Jahr 1325 erstmals erwähnt und ist in drei Bauphasen entstanden (bis etwa 1400). Ins Innere des Gotteshauses locken unter anderem eine gotische Taufe, Leuchter von 1589 und 1590 sowie eine wertvolle Orgel des Orgelbauers Buchholz aus dem Jahr 1821. Die größte erhaltene Buchholzorgel Deutschlands konnte nach zweijähriger Restaurierung im Jahr 2003 mit einer feierlichen Orgelweihe wieder in Betrieb genommen werden. Die kostbare Kirchenbibliothek umfasst etwa 4000 Bände und Inkunabeln.

Die Turmbesteigung ist abenteuerlich: Zunächst wird der separate Eingang mit einem riesigen Schlüssel aufgeschlossen, dann folgt eine schmale, steile Wendeltreppe aus Stein. Die 180 Stufen führen im Halbdunkel direkt an den fünf Glocken der Kirche vorbei. Ein kleines Schild berich-

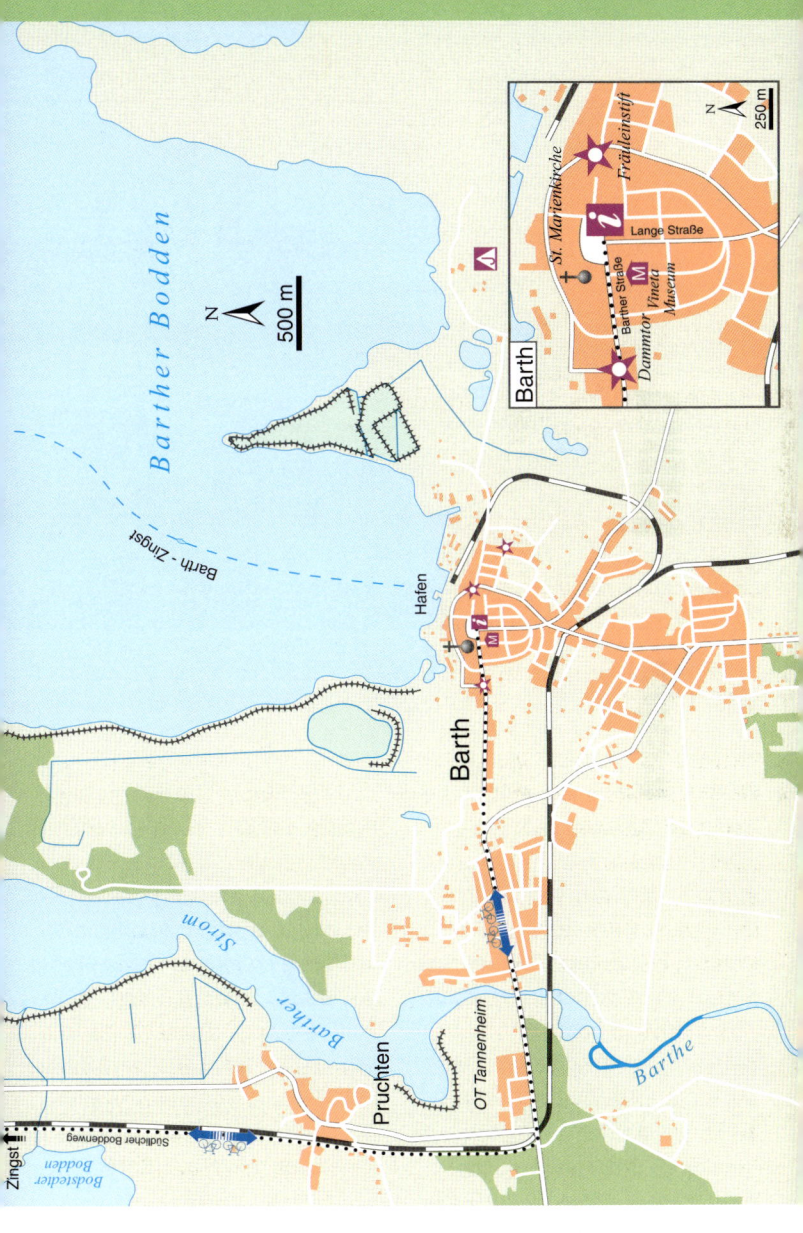

Barther Bodden

N
500 m

Barth - Zingst

Hafen

Barth

Barther Strom

Südlicher Boddenweg

Bodstedter Bodden

Zingst

Pruchten

OT Tannenheim

Barthe

Barth

N
250 m

Fräuleinstift

St. Marienkirche

Lange Straße

Barther Straße

Vineta Museum

Dammtor

Neben der markanten Backsteinkirche St. Marien und der weitgehend restaurierten Altstadt ist vor allem der Hafen von Barth ein Anziehungspunkt für Touristen. Auch von hier starten Ausflugsschiffe in die Boddengewässer.

tet hier von dem ungewöhnlichen Schicksal einer Glocke: Während zwei der ursprünglichen Kirchenglocken aus Bronze im Ersten Weltkrieg eingeschmolzen und im Jahr 1925 durch Stahlglocken ersetzt wurden, sollte die dritte 1942 den Weg in die Schmelze antreten. Sie wurde aber 1948 auf einem Hamburger Fabrikgelände unversehrt wiederentdeckt und kam 1949 zurück nach Barth. Der Aufstieg bis zur Turmspitze in knapp 87 Metern über NN wird mit einem beeindrucken-

den Ausblick in alle Himmelsrichtungen belohnt. Im Norden sieht man Darß und Zingst. Bei guter Sicht sind selbst die Inseln Hiddensee und Rügen zu erkennen. Im Westen reicht der Blick über das Dammtor bis hin zum Fischland. Im Osten lässt sich die alte Hansestadt Stralsund erspähen. Viele Fenster können zum Fotografieren geöffnet werden. Interessant ist auch die Konstruktion des Dachstuhls, an dessen alten Balken sich viele Besucher verewigt haben – das älteste „Schnitzwerk" scheint vom August 1886 zu sein. Unter Umständen gibt es während einer Turmbesteigung noch etwas zu beobachten: Die mechanische Turmuhr wird alle zwei Tage per Hand aufgezogen.

Ganz in der Nähe der Kirche (Lange Straße) liegt das Vineta-Museum, das im Jahr 1997 in den Räumen eines ehemaligen Kaufmannshauses des 18. Jahrhunderts eröffnet wurde. Auf drei Etagen werden neben der Barther Stadtgeschichte ständig wechselnde Sonderausstellungen sowie die neuesten Forschungsergebnisse der Vineta-These präsentiert.

Wer sich noch ein wenig in der Stadt umschauen möchte, sollte vielleicht noch das in Anlehnung an die Backsteingotik Norddeutschlands errichtete Rathaus von 1927 im Südwesten aufsuchen. Ferner gilt das ehemalige Adlige Fräuleinstift – es befindet sich nordöstlich vom Marktplatz – als markantes bauliches Zeugnis der Stadtgeschichte. Die barocke Anlage entstand 1733 an der Stelle des damaligen Fürstenhofs, wo ab

Marktplatz der Vineta-Stadt Barth. Im Blickfeld steht der 1953 bis 1959 gebaute Marktbrunnen, der sein Wasser aus drei Fischen – ein Motiv, das dem Stadtwappen entlehnt ist – sprudeln lässt.

dem Jahr 1573 das fürstliche Schloss errichtet wurde.

Großzügig um- und ausgebaut wurde der Barther Hafen. In den letzten Jahren entstanden rund 600 Liegeplätze für Segelboote und Yachten, Traditions- und Fahrgastschiffe.

Der Rückweg – wir fahren die gleiche Strecke zurück – führt uns unter anderem durch das Dammtor von 1357. Es ist das einzig erhaltene von ehemals vier Stadttoren.

Service

Information

18374 Zingst:

Kur- und Tourismus GmbH
Haus des Gastes
Seestraße 56
Tel. 038232/81521, Fax 81525
www.zingst.de

Kur- und Tourismus GmbH
Zimmervermittlung
Am Bahnhof 1
Tel. 038232/81521, Fax 81525
www.zingst.de/zimmervermitt-
lung.html

Kurmittelcentrum Zingst
Rämel 5
Tel. 038232/83105, Fax 83111
www.kmcz.de

Evangelische Gemeinde Zingst
Kirchweg 8
Tel. 038232/15226, Fax 15455
(Pfarrer Harald Apel)
www.ev-kirche-zingst.de

Fahrradvermietung
Annemarie Luft
Strandstraße 14
Tel. 038232/15621, Fax 15622
www.fahrrad-luft.de

Die Luft hält schon lange: Bereits
zu DDR-Zeiten fing das Ehepaar
Luft mit ein paar Dutzend „Mifa-
Rädern" mit der Fahrradvermietung an. Leihzeit in der Saison: 9
bis 18 Uhr

18356 Barth:

Barth-Information
Markt 3–4
Tel. und Fax 038231/2464
www.stadt-barth.de
Öffnungszeiten: Mo, Mi, Fr 10 bis
13 und 14 bis 17 Uhr; Di und Do
bis 18 Uhr

Unterkunft

18374 Zingst:

Appartementhotel Schlösschen
Sundische Wiese
Landstraße 19
Tel. 038232/8180, Fax 81838
www.hotelschloesschen.de
Schönes Anwesen (14 Zimmer)
auf dem Ostzingst (Sundische
Wiese). Aufgrund der (herrlich)
peripheren Lage müssen längere
Anfahrtszeiten in Kauf genom-
men werden.

Hotel Meerlust
Seestraße 72
Tel. 038232/8850, Fax 88599
www.hotelmeerlust.de
Familiengeführtes Wellnesshotel
(60 Zimmer), unmittelbar hinter
dem Deich am Strand der Ostsee
gelegen.

Steigenberger Strandhotel and
Spa Zingst
Seestraße 60
Tel. 038232/842100, Fax 842111
http://de.steigenberger.com/
Zingst-Ostsee/Steigenberger-
Strandhotel-and-Spa
Die moderne Hotelanlage (117
Zimmer und sechs Suiten), in un-
mittelbarer Nähe zur Seebrücke,
bereichert mit ihrem großzügigen
Wellnessbereich seit Sommer
2006 das Angebot.

Hotel Restaurant Marks
Weidenstraße 17
Tel. 038232/16140, Fax 16144
www.hotel-marks.de
Zwar nicht in Strandnähe, dafür
aber mit Blick auf den Bodden.
Ganzjährig geöffnet.

Zingster Zimmerbörse
Strandstraße 51
Tel. 038232/89397, Fax 89398
www.zingster-zimmerboerse.de

18356 Barth:

Hotel Speicher Barth
Am Osthafen 2
Tel. 038231/63300, Fax 63400
www.speicher-barth.de
Direkt am Barther Yachthafen
entstand zwischen Mitte der
1990er-Jahre in einem ehemaligen Getreidespeicher ein
4-Sterne Hotel mit 24 Doppelzim-
mern und Suiten. Durch die Kom-
bination des neuen modernen
Designs mit dem ursprünglich erhaltenen Speicherstil ergibt sich
ein angenehmes, ungezwunge-
nes, lebhaftes Ambiente.

Hotel Stadt Barth
Lange Straße 60
Tel. 038231/623, Fax 62599
www.hotel-barth.de
Direkt im Zentrum der Stadt bie-
tet das mit 38 Zimmern ausge-
stattete Hotel allen Komfort und
Genuss für einen erholsamen
und erlebnisreichen Aufenthalt in
Ostseenähe.

Cafés und Restaurants

18374 Zingst:

Café Rosengarten
Strandstraße 12
Tel. 038232/84704
www.caferosengarten.net
Der Garten des Hauses ist ein
echtes Schmuckstück im Ort. Die
Räumlichkeiten des Rohrdach-
hauses (ursprünglich eine Kate
von 1720) versprühen wahre
Wohnzimmeratmosphäre. Das
wechselnde Angebot wartet mit
über 40 (!) hausgemachten Ku-
chensorten auf. Mai bis Oktober
Di bis So ab 14 Uhr, November
bis April von Mi bis So ab 14 Uhr
geöffnet

Bäckerei Karl-Heinz Holz
Lindenstraße 10
Tel. 038232/15280
Café mit Konditorei.
Täglich Frühstück ab 7.30 Uhr

Fischer Kruse
Hafenstraße 2
Tel. 038232/12122
Uriger Fischimbiss mit einem
reichhaltigen Angebot an Fisch-
brötchen und Räucherfisch direkt
am Hafen. April bis Oktober täglich ab 9 Uhr

Fischerklause
Strandstraße 35
Tel. und Fax 038232/15205
www.fischerklausezingst.de
Rustikales Ambiente. Leitspruch
des traditionsreichen Hauses:
„Vom Zingster Fischer frisch auf
den Tisch". Täglich ab 11.30 Uhr
geöffnet.

Hotel Restaurant Marks
Weidenstraße 17
Tel. 038232/16140, Fax 16144
www.hotel-marks.de
Hier kocht der Chef nach dem
Motto: „Klein aber fein."

Appartementhotel Schlösschen
Sundische Wiese
Landstraße 19
Tel. 038232/8180, Fax 81838
www.hotelschloesschen.de
Das um 1900 als Jagdschloss erbaute Hotel liegt direkt am Nationalpark Vorpommersche Boddenlandschaft. Falls das Wetter mit-
spielt: Das Anwesen verfügt über
einen prächtigen Kaffee-/Bier-
garten.

18356 Barth:

Sur la mer
Am Westhafen 24
Tel. und Fax 038231/77536
www.pension.land.mv
Ebenfalls tolle Einkehrmöglich-
keit mit Sonnenterrasse und
Blick über den Barther Bodden

Speicher (Hotel Speicher Barth)
Am Osthafen 2
Tel. 038231/63300, Fax 63400
www.speicher-barth.de
À-la-carte-Restaurant im einstigen Abfüllbereich eines alten Ge-
treidespeichers. Um es kurz zu
machen: ein Muss! Täglich 11 bis
23 Uhr

Museen

18374 Zingst:

Museumshof Zingst
Strandstraße 1–3
Tel. 038232/15561
www.museumshof-zingst.de
Auf dem Museumshof vereinen
sich das Heimatmuseum, die
Pommernstube mit dem Zingster
Bernsteinzimmer, die Museums-
scheune und eine Hofbäckerei
mit Steinbackofen zu einem be-
schaulichen Ensemble. Öffnungszeiten: Mai bis Oktober Di bis Fr
10 bis 17 Uhr, Sa und So 13 bis
16 Uhr; November bis April Di
und Do 10 bis 16 Uhr, So 13 bis
16 Uhr

18356 Barth:

Vineta-Museum
Lange Straße 16
Tel. 038231/81771, Fax 77946
www.vineta-museum.de

18317 Hessenburg/Saal

Kranich Museum Hessenburg
Dorfplatz 12
Tel. 038223/669900
Öffnungszeiten: April bis Juni und
Oktober Fr bis So 11 bis 17 Uhr;
Juli bis September Mi bis So 11
bis 17 Uhr

Kulturangebote

18356 Barth:

St.-Marien-Kirche
Gruppenführung nach Anmel-
dung im Kirchenbüro:
Papenstraße 7
Tel. 038231/2785
www.ev-kirche-barth.de

Veranstaltungen

18374 Zingst:

Fotofestival Horizonte: Ende
Mai/Anfang Juni
Deichlauf (Volkssportlauf über
5 und 15 Kilometer): letzter
Sonntag im Juni
Hafenfest: im Juni
Kinderfest: im Juni
Kunstmagistrale: im August
Kulinarische Wochen: Oktober/
November

Der besondere Tipp: Boddenrundfahrten

Die Einzigartigkeit und Stille der Boddengewässer lassen sich vom Wasser aus besonders eindrucksvoll erleben. Fahrgastschiffe stechen von allen Häfen in See – größtenteils mit Restauration an Bord und mündlichen Informationen des Kapitäns zur Region. Romantischer verlaufen solche Ausflüge auf einem alten Zeesboot. Auch hier erfährt man vom Bootsführer viel Wissenswertes über die Natur der Boddenlandschaft. Teilweise sind Ferngläser an Bord vorhanden und gedruckte Erklärungen erhältlich. Auf einigen Routen ist es möglich, das Fahrrad mitzunehmen. So können Radtouren mit einer Schiffspassage kombiniert werden. Aktuelle Fahrzeiten und Preise kann man im jeweiligen Hafen in Erfahrung bringen oder Faltblättern entnehmen, die an vielen Stellen ausliegen. Karten werden in der Regel nur an Bord verkauft. Informationen im Internet: www.fahrgastschifffahrt-fischland-darss-zingst.de

Zahlreiche Ausflugsdampfer bieten Rundfahrten durch die stillen Gewässer der Bodden an.

Allgemeine Information

Zeesboot-Gästefahrten
www.braune-segel.de
Interessante Informationen rund um die Zeesboote inklusive Anbieterliste für Ostee- und Boddenturns

MS Boddenkieker (Bj. 1964)
Linienfahrten zwischen Ribnitz-Damgarten, Dierhagen und Wustrow (Fahrradmitnahme)

von Ahrenshoop:

MS Bültenkieker (Bj. 2001)
Täglich (April bis Oktober) ab/an Ahrenshoop-Hafen/Althagen, Born und Fuhlendorf: Große Boddenrundfahrt zu den Neuendorfer und Borner Bülten mit Fahrradtransport.

Fahrgastbetrieb Kruse und Voß
GmbH
Hafenstraße 7, 18347 Wustrow
Tel. 038220/588, Fax 81120
www.boddenschifffahrt.de

MS Swantevit (Bj. 1983)
Boddenfahrt (mit Fahrradtransport) über Zingst nach Barth

Reederei Gebr. Oswald
Mühlenstraße 13, 18374 Zingst
Tel. 038232/16677, Fax 16088
www.fahrgastschifffahrt-fisch-
land-darss-zingst.de

von Born:

MS Bültenkieker (Bj. 2001)
Täglich (April bis Oktober) ab/an
Born: Große Boddenrundfahrt zu
den Neuendorfer und Borner Bülten mit Fahrradtransport

Fahrgastbetrieb Kruse und Voß
GmbH
Hafenstraße 7, 18347 Wustrow
Tel. 038220/588, Fax 81120
www.boddenschifffahrt.de

MS Ostseebad Prerow (Bj. 1996)
April bis Oktober über Fuhlendorf
nach Prerow. Fahrradmitnahme
ist möglich. Plätze für Rollstuhlfahrer vorhanden

Reederei W. Rasche GbR
Auf dem Ende 8, 18375 Born
Tel. 038234/210, Fax 309903
www.fahrgastschiff-darss.de

von Prerow:

MS River Star (Bj. 2003)
Der originalgetreue Mississippi-
Dampfer sticht täglich (März bis
November) zu einer Rundfahrt in
den Bodstedter Bodden in See.
www.reederei-poschke.de

MS Likedeeler und MS Ostseebad Zingst (beide Bj. 1996)
Täglich ab Hafen Prerow: Boddenfahrt (Prerowstrom, Bodstedter Bodden).

Poschke Fahrgastschifffahrt
GmbH
Pumpeneck 5b, 18375 Born
Tel. 038234/239, Fax 30139
www.reederei-poschke.de

MS Ostseebad Prerow (Bj. 1996)
April bis Oktober ab Hafen Prerow: Boddenfahrt (Prerowstrom,
Bodstedter Bodden, Meiningenbrücke); auch Abendfahrten; für
Rollstuhlfahrer geeignet
www.fahrgastschiff-darss.de

MS Heidi (Bj. 1997)
Auf den Linienfahrten Born-Fuh-
lendorf-Prerow ist die Mitnahme
von Rädern möglich. Plätze für
Rollstuhlfahrer vorhanden
www.fahrgastschiff-darss.de

von Wieck:

Zeesboot Hanna (Bj. 1944)
Kurztouren und Tagesfahrten; die
Anlaufhäfen können mit dem
Bootseigner abgesprochen wer-
den. Auskünfte im Hafenbüro
Tel. 038233/290

von Wustrow:

MS Ostseebad Wustrow
(Bj. 2001)
Täglich (April bis Oktober) ab Hafen Wustrow: Große Boddenrundfahrt zu den Neuendorfer und
Borner Bülten (kleine Schilfinseln) www.boddenschifffahrt.de

von Zingst:

MS Vorpommern (Bj. 1993)
Von April bis Oktober Boddenfahrt nach Barth

MS Sundevit (Bj. 1992)
Ab Hafen Zingst nach Hiddensee
(Vitte). März bis April und Okto-
ber Di und Do mit 3,5 Stunden

Auf einer Boddenrundfahrt mit einem der
alten Zeesboote lernt man die einzigartigen Binnengewässer auf informative und
erholsame Weise kennen.

Landgang. Mai bis September
täglich (außer Montag) mit vier
Stunden Landgang; Bordrestau-
rant, Fahrradmitnahme möglich.
Ende Juni bis Mitte September
Mo und Sa ab Hafen Zingst nach
Stralsund mit 3,5 Stunden Land-
gang

MS Schaprode (Bj. 1993)
Täglich ab Mitte Mai bis Anfang
September Zingst–Hiddensee–
Zingst: ab Hafen Zingst 9 Uhr, an
Vitte 12.15 Uhr. Ab Vitte 16.15,
an Zingst 19.30 Uhr

Informationen von A bis Z

Bootshäuser an der Einfahrt zum Althäger Hafen. Noch liegt die Morgenstille über dem Boddensee. Kein Wind, kein entferntes Boot – nichts, was den metallisch glänzenden Spiegel des Wassers zerreißt.

Informationen von A bis Z

Allgemeiner Deutscher Fahrrad-Club (ADFC)

ADFC Mecklenburg-Vorpommern e. V. (Rostock)
Tel. 0381/37706976
www.adfc-mv.de

Angeln

Angeln ist nur in speziell ausgewiesenen Bereichen der Schutzzone II gestattet. Voraussetzung für den Erwerb einer Angelerlaubnis ist der Besitz eines Fischereischeins. Touristenfischereischeine können erworben werden in:

18375 Born:

Amt Darß/Fischland
Chausseestraße 68a
Tel. 038234/5030

18375 Prerow:

Fahrrad-Wittenburg
Bebelstraße 18
Tel. 038233/69760

18375 Wieck:

Kur- und Tourist GmbH Darß
Bliesenrader Weg 2 (in der Darßer Arche)
Tel. 038233/201, Fax 703819
www.erholungsort-wieck-darss.de

Der Fischereischutzverein Mecklenburg-Vorpommern e. V. (Postfach 102064, 18003 Rostock, Tel. 0381/405180); gibt das Faltblatt „Angeln" heraus.

Bahnfahrten

Für die Bahnanreise aus Berlin bietet sich das „Ostsee-Ticket" an. Zielbahnhof für Fischland, Darß und Zingst: Barth, Graal-Müritz oder Ribnitz-Damgarten. Info: www.bahn.de/ostseeticket

Barrierefreier Urlaub

Zahlreiche Vermieter und Einrichtungen haben sich auf die speziellen Bedürfnisse von Rollstuhlfahrern eingestellt.

„Ohne Barrieren" e. V.
Doberaner Straße 114, 18057
Rostock
Tel. 0381/8776777
www.barrierefrei.m-vp.de

Beobachtungsplattformen

Im Nationalpark existieren zahlreiche, bisweilen mit kostenlosen
Ferngläsern ausgestattete Hüt-
ten und Plattformen, die sich unter anderem besonders zur Be-
obachtung und zum Fotografieren von Vögeln eignen. Schau-
tafeln geben neben allgemeinen
Nationalparkinformationen auch
spezielle Aufklärungen zu den
Besonderheiten der jeweiligen
unmittelbaren Umgebung. Die
Plattform am Boddenteich westlich von Zingst ist behindertenge-
recht ausgebaut.

Busfahrten

Auf der Strecke Ribnitz-Damgarten–Darß–Barth fährt die Bus-
linie 210 im Stundentakt. Die
Startzeiten der Nationalparkfüh-
rungen sind auf die Busankunfts-
zeiten abgestimmt. Die mit „B"
gekennzeichneten Busse nehmen bis zu 18 Räder mit; in jede
Richtung fahren pro Tag sechs
Busse mit Fahrradanhänger.
Gruppen sollten sich anmelden:

Kraftverkehrsgesellschaft (KVG)
Ribnitz-Damgarten
Tel. 03821/886565 (Zentrale
Busauskunft)
www.kvg-ribnitz.de

Von Mai bis Oktober fährt Berlin-
LinienBus bis zu vier Mal wö-
chentlich mit dem Fernlinienbus
ab Berlin ZOB oder Ostbahnhof
auf die Halbinsel.
www.berlinlinienbus.de

Campingplätze

Der Tourismusverband Mecklen-
burg-Vorpommern gibt einen Pro-
spekt heraus, der Angaben zur
Lage, Öffnungszeiten, Kapazität,
Ausstattung und Anschriften der
Campingplätze bereitstellt.

Fischland

18347 Dierhagen:

Camping in Neuhaus
Birkenallee 10
Tel. 038226/539930,
Fax 539930
www.camping-neuhaus.de

OstseeCamp Dierhagen GbR
Ernst-Moritz-Arndt-Straße 1
Tel. 038226/80778, Fax 80779
(300 Plätze)
www.ostseecamp-dierhagen.de

„An den Stranddünen"
Waldweg 5
Tel. 038226/80492,
Fax 539800
(150 Plätze)
www.campingplatz-ennen.de

18347 Ostseebad Wustrow:

Wohnmobilplatz Surfcenter
Wustrow
An der Nebelstation 2
Tel. 038220/80250, Fax 66919
www.surfcenter-wustrow.de

Darß

18375 Born:

Regenbogen Camp Born
Nordstraße 86
Tel. 038234/244, Fax 59303
www.regenbogen.ag

18375 Prerow:

Regenbogen Camp Prerow
Bernsteinweg 4–8
Tel. 038233/331, Fax 69351
(1200 Plätze)
www.regenbogen.ag

Meißner's Sonnencamp
Villenstraße 3
Tel. 038233/60198
www.meissners-sonnencamp.de

Zingst

18374 Zingst:

Campingplatz
„Am Freesenbruch"
Am Bahndamm 1
Tel. 038232/15786, Fax 15710
(360 Plätze)
www.camping-zingst.de

Festland

18356 Bodstedt:

Komfort-Camping Bodstedt
Damm 43
Tel. 038231/4226
www.campingplatz-in-
bodstedt.de

18356 Michaelsdorf:

Windsurf- und Katamaranschule
Dorfstraße 14
Tel. 038231/4205
(25 Plätze)

18356 Pruchten:

Naturcamp Pruchten
Am Campingplatz 2
Tel. 038231/2045, Fax 66346
www.naturcamp.de

DLRG

Nordstrand: Ortsgruppe Prerow,
Hauptturm am Hauptübergang
zum Strand, Tel. 038233/213
Weststrand: Strandübergang
Born 1, Tel. 038220/80634
Zingst: Darßer Weg 8,
Tel. 038232/15788,
www.prerow.dlrg.de
DLRG-Stationen warnen mit folgenden Symbolen vor Gefahr: Ein
orangefarbener Ball bedeutet Badeverbot für Kinder und Nicht-
schwimmer. Zwei orangefarbene
Bälle zeigen ein absolutes Badeverbot an.

Fahrradverleih

Bei einigen Verleihern gibt es die
Möglichkeit, die Räder an einem
verabredeten Ort abzustellen
(„Einwegsystem"): (H) = Fahrrad-
handlung; (R) = Reparatur; (V) =
Vermietung; (E) = Vermietung mit
Einwegsystem

18347 Ahrenshoop:

Fahrradverleih Brilke
Niehäger Straße 1
(Ortsteil Niehagen)
Tel. 038220/80396
www.fahrradverleih-
ahrenshoop.de

Gielow (V)
Dorfstraße 21
Tel. 038220/80134

Lowka (V)
Hauptstraße 33 b
Tel. 03 82 20/8 06 36

18356 Barth:

Neumann (H, R, V)
Mastweg 21a
Tel. 038231/873311

18375 Born:

Neumann (H, R, V)
Im Moor 2
Tel. 038234/272
www.neumann-darss.de
Täglich 9 bis 19 Uhr

18347 Dierhagen:

Kurverwaltung (V)
Ernst-Moritz-Arndt-Str. 1
Tel. 038226/201, Fax 80466

Camping Ennen (V)
Waldweg 5
Tel. 038226/80492
www.campingplatz-ennen.de

Hotel Blinkfüer (V)
Schwedenschanze 20
Tel. 038226/53570

18375 Prerow:

Lowka (V) Dit & Dat
Strandstraße 14
Tel. 038233/69777
Küsters Alle 4a
Tel. 038233/60697

Busse (H, V)
Bergstraße 5
Tel. 038233/60159

Wiedner
Grüne Straße 2b und 20a sowie
Bernsteinweg (Strandnähe)
Tel. 038233/60187
www.wiedner-prerow.de
Lieferservice für Pensionen und
Hotels. Täglich 9 bis 18 Uhr

Wittenburg (H, R, V)
Bebelstraße 18
Tel. 038233/69760
www.fahrrad-prerow.de

18375 Wieck:

Kowalewski (R, V)
Borner Weg 1
Tel. 038233/60271, Fax 70471
Täglich 9 bis 19 Uhr

Neumanns Fahrradshop
Müggenberg 31
Tel. 038233/70536

Reichelt
Strandweg 6
Tel. 038233/60479
Täglich 9 bis 13.30 Uhr und
16.30 bis 19 Uhr

18347 Wustrow:

Schröder (H, R, V)
Lindenstraße 17
Tel. 038220/80905
www.fahrradtourismus-
wustrow.de

Zieger (V, H)
Strandstraße 32
Tel. 038220/80365
www.ostsee-zieger.de

18374 Zingst:

Luft (H, E, Gruppenbetreuung)
- Strandstraße 14
- KV Zingst
- Hafenstr. 11a
Tel. 038232/15621, Fax 15622
www.fahrrad-luft.de

Neumann (R, V)
Klosterstraße 13
Tel. 038232/12027
www.fahrrad-neumann.de

Ostsee Fahrrad
Heiko Strehlow
Postplatz 2
Tel. 038232/84950
www.fahrradverleih-zingst.de

Schlickeisen (V)
Seestraße 21
Tel. 038232/15565
Täglich 9 bis 18 Uhr

Förderverein Nationalpark Boddenlandschaft e. V.

18375 Wieck:

Bliesenrader Weg 2
Tel. 038233/719271
www.bodden-nationalpark.de
Zur Unterstützung und kritischen
Begleitung der Arbeit im Nationalpark Vorpommersche Boddenlandschaft hat sich Mitte 1990
der Förderverein gegründet. Pas-
sive Mitgliedschaft ist möglich.

Flugplatz

Rundflüge vom Flughafen Barth
Flughafenstraße, 18356 Barth
Tel. 038231/89551, Fax 2480
www.ostseeflughafen-stralsund-
barth.de

Geführte Wanderungen

Von der Nationalparkwacht werden im Darß und auf dem Zingst
(auch per Rad) Wanderungen
durchgeführt, die in aktuellen
Aushängen in den Orten und in
der Tagespresse angekündigt
werden. Achten Sie in diesem Zu-
sammenhang auf das Faltblatt
„Unterwegs im Nationalpark",
das jedes Jahr neu herausgege-
ben wird.

Jugendherbergen

Um in Jugendherbergen über-
nachten zu können, ist eine Mitgliedschaft im Deutschen Ju-
gendherbergswerk erforderlich.
Die Aufnahme kann auch vor Ort
erfolgen.

Info: Deutsches Jugendherbergs-
werk, Landesverband Mecklenburg-Vorpommern e. V.
Charles-Darwin-Ring 4,
18059 Rostock
Tel. 0381/776670, Fax 698682
www.djh-mv.de

18356 Barth:

Jugendherberge Barth
Glöwitz 1
Tel. 038231/2843, Fax 2090
www.barth.jugendherbergen-
mv.de
(165 Betten)

18375 Born:

Jugendherberge Ibenhorst
Ibenhorst 1
Tel. 038234/229, Fax 231
www.born-ibenhorst.
jugendherbergen-mv.de
(192 Betten)

18311 Ribnitz-Damgarten:

Jugendherberge Ribnitz-
Damgarten
Am Wasserwerk 1
Tel. und Fax 03821/812311
www.ribnitz-damgarten.
jugendherbergen-mv.de
(50 Betten)

18374 Zingst:

Jugendherberge Zingst
Glebbe 14
Tel. 038232/1545, Fax 12285
zingst.jugendherbergen-mv.de
(160 Betten)

Konzerte

Im Mai 1990 wurden die „Festspiele Mecklenburg-Vorpommern" aus der Taufe gehoben.
Seither sind die Festspiele mit
Konzerten in Kirchen, Burgen,
Schlössern und Gutshäusern zu
Gast. Durch die Vereinigung mit
dem landesweiten Klassikfestival
„Musiksommer Mecklenburg-Vorpommern" ist inzwischen eines
der größten Musikfeste in
Deutschland entstanden. Lan-
desweit finden pro Festspiel-
saison über hundert Konzerte an
über sechzig Spielstätten statt.
Kartenservice:
Tel. 0385/5918585,
Email: kartenservice@festspiele-
mv.de, www.festspiele-mv.de

Kraniche

Im Frühling sowie im Herbst
legen die Kraniche auf ihrem
Heimzug in die nördlichen Brutgebiete und auf dem Wegzug in
die Winterquartiere nach Südfrankreich, Spanien und Nordafrika eine Rast in der sogenannten Rügen-Bock-Region ein. Jährlich verweilen bis zu 60 000 Kraniche in der Boddenlandschaft.
Kranich-Informationszentrum
Groß Mohrdorf: Infos über Brut,
Rast und Zug der Großvögel,

Video- und Diavorführungen,
Präparate, zwei- bis dreistündige
Führungen im Gelände nach Ver-
einbarung, ganzjährig geöffnet,
mindestens von 10 bis 16 Uhr

18445 Groß Mohrdorf:

Kranich-Informationszentrum
(NABU, WWF, Lufthansa Umwelt-
förderung)
Lindenstraße 27
Tel. 038323/80540, Fax 80541
www.kraniche.de

18445 Klausdorf:

Verein zum Schutze und Erhalt
des Kranichrastplatzes Rügen-
Bock-Region e. V.
Fischerweg 6
www.kranichschutzverein.de

Museen

18347 Ahrenshoop:

Kunstmuseum Ahrenshoop
Weg zum Hohen Ufer 36
Tel. 038220/66790
www.kunstmuseum-
ahrenshoop.de
Öffnungszeiten: April bis Oktober
täglich 11 bis 18 Uhr; November
bis März Di bis So 10 bis 17 Uhr

18375 Born:

Forst- und Jagdmuseum
„Ferdinand von Raesfeld"
Chausseestraße 64
Tel. 038234/30297, Fax 30299
Öffnungszeiten: Ende April bis
Ende Oktober Di bis So 10 bis
16 Uhr

18375 Prerow:

Darß-Museum
Waldstraße 48
Tel. 038233/69750
www.foerderverein-darss-
museum.de

Natureum Darßer Ort
Darßer Ort 1–3
Tel. 038233/304, Fax 70448
www.meeresmuseum.de/
natureum
Öffnungszeiten: Mai bis Oktober
täglich 10 bis 18 Uhr; November
bis April Mi bis So 11 bis 16 Uhr

18374 Zingst:

Museumshof Zingst
Strandstraße 1–3
Tel. 038232/15561
www.museumshof-zingst.de
Öffnungszeiten: Mai bis Oktober
Di bis Fr 10 bis 17 Uhr, Sa und
So 13 bis 16 Uhr; November bis
April Di und Do 10 bis 16 Uhr, So
13 bis 16 Uhr

18347 Wustrow:

Heimatstube Fischlandhaus
Neue Straße 38
Tel. 038220/80465
Öffnungszeiten: Di und Do von
10 bis 12 Uhr und 14 bis 17 Uhr;
Sa, So und feiertags 11 bis 16
Uhr

18356 Barth:

Vineta-Museum
Lange Straße 16
Tel. 038231/81771, Fax 77946
www.vineta-museum.de
Öffnungszeiten: Di bis Fr 10 bis
17 Uhr, Sa und So 11 bis 17 Uhr

Niederdeutsches Bibelzentrum
Sundische Straße 52
Tel. 038231/77662, Fax 77663
www.bibelzentrum-barth.de
Herzstück der Sammlung ist ein
Exemplar der Barther Bibel, die
Herzog Bogislaw XIII. 1588 in nie-
derdeutscher Sprache in Barth
drucken ließ. Öffnungszeiten: Di
bis Sa 10 bis 18 Uhr, So 12 bis
18 Uhr

18311 Ribnitz-Damgarten:

(OT Klockenhagen)
Freilichtmuseum Klockenhagen
Mecklenburger Straße 57
Tel. 03821/2775, Fax 707775
www.freilichtmuseum-
klockenhagen.de
Niederdeutsche Hallenhäuser,
eine Bockwindmühle, Landarbei-
terkaten und weitere ursprüng-
liche Gebäude zeugen vom
Leben der norddeutschen Land-
bevölkerung im 19. Jahrhundert.
Inventar und Werkzeuge
demonstrieren das damalige
arbeitsreiche und traditionsbewusste Leben auf dem Lande.
Puten, Hühner, Pommernenten
und -gänse bewegen sich frei auf
dem 60 000 Quadratmeter großen Gelände. In der Hauptsaison
finden in der Regel jeden zweiten
Samstag Backtage statt. Dann
wird „Brotbacken nach Art der
Vorfahren" vorgeführt. Jeweils
am letzten Samstag im Juli wird
auf einem angrenzenden Gelände das Tonnenabschlagen
veranstaltet. Öffnungszeiten:
April, Mai und Oktober täglich
von 10 bis 17 Uhr. Letzter Einlass
16.30 Uhr, Juni bis September
10 bis 18 Uhr

Deutsches Bernsteinmuseum
Im Kloster 1–2
Tel. 03821/4622 (Museums-
kasse), Fax 895140
www.deutsches-bernstein-
museum.de
Öffnungszeiten: März bis Oktober
täglich 9.30 bis 18 Uhr; November bis Februar Di bis So 9.30
bis 17 Uhr. Letzter Einlass ist 30
Minuten vor Ende der Öffnungs-
zeit.

Erlebniszentren

18311 Ribnitz-Damgarten:

(OT Neuheide)
Natur- Schatzkammer
Edelstein- & Bernsteinzentrum
Ribnitzer Landweg 2
Tel. 038206/79921
www.naturschatzkammer.de
Die privat geführte Natur-Schatz-
kammer ist einzigartig für
Deutschland. Faszination Natur
auf über 1000 Quadratmetern
Ausstellungsfläche und eine wun-
derschöne Gartenlandschaft.
Über 400 Ausstellungsstücke zeigen Farbvariationen und Fund-
orte des Bernsteins. Einen Großteil der Sammlung nimmt die ein-
malige Inklusenschau ein, wo tie-
rische und pflanzliche Ein-
schlüsse gezeigt werden. Täglich
von 9 bis 18 Uhr geöffnet

Festland

18182 Rövershagen

Karls Erlebnisdorf in Rövershagen
Purkshof 2
Tel. 038202/4050
www.karls.de/erlebnis-
ausflugsziele-mecklenburg-
vorpommern-roevershagen.html
Der Freizeitpark ist Mecklenburg-
Vorpommerns größter kostenlo-
ser Indoorspielplatz und bietet
sich als ideales Ausflugsziel mit
Kindern an. Zahlreiche Attraktionen für große und kleine Aben-
teurer befinden sich auf dem Erd-
beerhof: Ponyreiten, Karussells,
Riesenrutsche, Piratendorf, Strei-
chelzoo. Ein Highlight für die
ganze Familie!

Nationalpark Vorpommersche Boddenlandschaft

Der 786 Quadratkilometer große
Nationalpark wurde 1990 eingerichtet. Das Großschutzgebiet
umfasst Land- und Wasserflä-
chen zwischen Darß, Zingst,
Bock, Hiddensee und Westrügen
sowie eine Reihe kleinerer Inseln. Es befindet sich in einem
vom Menschen nicht oder wenig
beeinflussten Zustand und dient
der Erhaltung eines artenreichen
Tier- und Pflanzenbestands. Ent-

sprechend seines Schutzzwecks soll der Nationalpark auch dem Besucher für die Umweltbildung und Erholung erschlossen werden. Deshalb wurden unter anderem Infozentren (Nationalpark-Information), Aussichtsplattformen und Wanderwege eingerichtet. www.nationalpark-vorpommersche-boddenlandschaft.de

Nationalpark-Information

18375 Born:

Nationalparkamt Vorpommern
Im Forst 5
Tel. 038234/5020, Fax 50224
In dem Gebäude gibt es keine Informationsausstellung.

18445 Barhöft:

Infozentrum Barhöft
Tel. 038234/5020
Impressionen aus der Boddenlandschaft, Informationen über Ostsee und Bodden, über Wasser und Land, direkt an der Kliffkante von Barhöft gelegen, in unmittelbarer Nähe des Hafens. Ausstellung „Boddenlandschaft" und „Bockgeschichte". Öffnungszeiten: April bis August Mi bis So 10 bis 17 Uhr; September bis März Mi bis So 10 bis 16 Uhr. Eintritt frei

18375 Prerow:

Natureum Darßer Ort
Darßer Ort 1–3
Tel. 038233/304, Fax 70448
www.meeresmuseum.de/natureum
Ausstellungen „Naturraum Darßer Ort", „Tiere der Darßlandschaft" und „Ostseeküste".
Öffnungszeiten: Mai bis Oktober täglich 10 bis 18 Uhr; November bis April Mi bis So 11 bis 16 Uhr

18375 Wieck:

Darßer Arche Nationalpark- und Gästezentrum
Bliesenrader Weg 2
Tel. 038233/70380,
Fax 703819
www.darsser-arche.de
Das Nationalpark- und Gästezentrum informiert auf über 500 Quadratmetern Ausstellungsfläche mit abwechslungsreichen Medien und Präsentationsformen über den Nationalpark Vorpommersche Boddenlandschaft. Das Gebäude ist ein Beispiel für modernes, innovatives und ökologisches Bauen. Das Angebot wird durch eine Kreativwerkstatt ergänzt. Öffnungszeiten: Mai bis Oktober täglich 10 bis 18 Uhr; November bis April Mi bis So 10 bis 16 Uhr. Eintritt wird erhoben.

Förderverein Nationalpark
Boddenlandschaft e. V.
Bliesenrader Weg 2
Tel. 038233/719271
www.bodden-nationalpark.de

18374 Zingst:

Nationalpark-Infozentrum
Sundische Wiese
Tel. 038234/5020
Lebensräume auf dem Ostzingst
in Wort und Bild.
Öffnungszeiten: April bis Dezember täglich 10 bis 17 Uhr; Januar
bis März täglich 10 bis 16 Uhr.
Eintritt frei

Naturschutzbund Deutschland
(NABU)

18356 Barth:

Im Landkreis Nordvorpommern
ist der NABU mit dem Kreisverband Nordvorpommern vertreten. Die Anschrift der Geschäftsstelle lautet:
Naturschutzbund Deutschland,
Kreisverband Nordvorpommern
e. V.
Bahnhofstraße 2
Tel. und Fax 038231/77793
www.nabu-nvp.de

Taxi

18374 Zingst:
Langmann
Friedenstraße 24
Tel. 038232/15289

Tourist-Informationen

Überregionale Verbände

18059 Rostock:

Tourismusverband Mecklenburg-
Vorpommern e. V.
Platz der Freundschaft 1
Tel. 0381/403055,
Fax 4030555
www.auf-nach-mv.de

18314 Löbnitz:

Tourismusverband Fischland
Darß Zingst e. V.
Barther Straße 16
Tel. 038324/6400, Fax 64034
www.darss.net

18211 Nienhagen:

Verband Mecklenburgischer
Ostseebäder e. V.
Uferstraße 2
Tel. 038203/77610, Fax 776120
www.ostseeferien.de

17489 Greifswald:

Tourismusverband
Vorpommern e.V.
Fischstraße 11
Tel. 03834/891089,
Fax 891555
www.vorpommern.de

Örtliche Auskünfte

18347 Ahrenshoop:

Kurverwaltung Ahrenshoop
Kirchnersgang 2
Tel. 038220/666610,
Fax 666629
www.ahrenshoop.de

18356 Barth:

Barth-Information
Markt 3–4
Tel. 038231/2464, Fax 2464
www.stadt-barth.de

18375 Born:

Kurverwaltung
Chausseestraße 73b
Tel. 038234/50421, Fax 50431
www.darss.org

18347 Dierhagen:

Kurverwaltung Dierhagen
Ernst-Moritz-Arndt-Straße 2
Tel. 038226/201, Fax 80466
www.dierhagen-fischland.de

18375 Prerow:

Kur- und Tourismusbetrieb
Gemeindeplatz 1
Tel. 038233/6100, Fax 61020
www.ostseebad-prerow.de

18375 Wieck:

Kur- und Tourist GmbH Darß
Bliesenrader Weg 2
(in der Darßer Arche)
Tel. 038233/201, Fax 703819
www.erholungsort-wieck-darss.de

18347 Wustrow:

Kurverwaltung Wustrow
(„Haus des Gastes")
Ernst-Thälmann-Straße 11
Tel. 038220/251, Fax 253
www.ostseebad-wustrow.de

Fremdenverkehrsverein e. V.
Wustrow
Strandstraße 11
Tel. 038220/82763, Fax 82764
www.fremdenverkehrsverein-
wustrow.de

18374 Zingst:

Kur- und Tourismus GmbH
Haus des Gastes
Seestraße 56
Tel. 038232/815821, Fax 81525
www.zingst.de

18356 Bodstedt:

Touristischer Verkehrsverein
Südliche Boddenküste
Damm 7
Tel. 038231/4201, Fax 4201

18311 Ribnitz-Damgarten:

Tourist-Information
Am Markt 14
Tel. 03821/2201, Fax 894750
www.ribnitz-damgarten.de

Bürgertelefon Mecklenburg-Vorpommern

Zentrale Anlaufstelle für Fragen,
Anregungen und Beschwerden in
Umweltschutzangelegenheiten
ist das Schweriner Bürgertelefon:
Tel. 0385/5452222 (werktags
zwischen 9 und 15 Uhr)

Veranstaltungen und Feste

Auf Fischland, Darß und Zingst
gibt es zahlreiche Dorf-, Hafen-,
Kinder- und Seebrückenfeste. Ein
klassisches Halbinselfest ist das
Tonnenabschlagen (siehe Seite
51).

Wasserwanderstützpunkte

In Wieck, Prerow und Zingst gibt
es moderne Wasserwanderrast-
plätze mit WC, Duschen, Telefon,
Frischwasser, Schmutzwasserent-
sorgung und Stromanschluss. In
Born gibt es mehrere kleine
Häfen und Bootsanlegestellen.
Der Hafen Bodstedt wurde im
September 2014 als Wasserwan-
derrastplatz eröffnet. Am Darßer
Ort existiert ein Nothafen.

Register

In den frühen Morgenstunden, wenn noch ein zarter Nebelschleier über den Boddenwiesen liegt, wirkt die Landschaft wie hingehaucht – nur einen flüchtigen Augenblick.

Register

Literatur

Billwitz, K. & Porada, H. Th. (Hrsg.) (2009): Die Halbinsel Fischland-Darß-Zingst und das Barther Land: Eine landeskundliche Bestandsaufnahme im Raum Wustrow, Prerow, Zingst und Barth. Böhlau Verlag, Köln.

Braun, F. & Roloff, R. (1999): Das kleine Buch der Darßer Haustüren. Helms.

Duphorn, K., Kliewe, H., Niedermeyer, R.-O., Janke, W. & Werner, F. (1995): Die deutsche Ostseeküste. Sammlung Geologischer Führer, Bd. 88. Gebr. Borntraeger, Berlin, Stuttgart.

Hupfer, P. (2010): Die Ostsee – Kleines Meer mit großen Problemen: Eine allgemeinverständliche Einführung. Borntraeger, Berlin, Stuttgart

Jung, G. (2011): Der Darß, Fischland und Zingst. (Eine Bildreise). Ellert & Richter Verlag, Hamburg.

Koepke, E. (2010): Land zwischen Meer und Lagunen. Fischland, Darß und Zingst. Inselgeschichten. Wartberg Verlag, Gudensberg-Gleichen.

Miethe, K. (1995): Das Fischland. Hinstorff Verlag, Rostock. Die Vorlage zu dieser 7. Auflage des Heimatbuchs der Fischländer Autorin Käthe Miethe stammt aus dem Jahr 1955.

Pagel, D. (2006): Der Darß. Sutton Verlag, Erfurt.

Reinicke, R. (2009): Steine am Ostseestrand. Demmler Verlag, Schwerin.

Scheffelke, J. (2005): Der Zingst. Sutton Verlag, Erfurt.

Schulz, A. & Rösel, E. (1992): Vorpommersche Boddenlandschaft und Recknitztal. Neumanns Landschaftsführer. Neumann Verlag, Radebeul (jetzt Christians Verlag, Hamburg).

Smed, P. & Ehlers, J. (2002): Steine aus dem Norden. Geschiebe als Zeugen der Eiszeit in Norddeutschland. Borntraeger, Berlin, Stuttgart.

Soden, Kristine von (2013): Stille Winkel auf Fischland, Darß und Zingst. Ellert & Richter Verlag, Hamburg.

Stössinger, J. (1996): Badeleben – Literarischer Reisebegleiter von Wismar bis Danzig. Klett-Cotta, Stuttgart.

Stütz, T. (2011): Zeesenboote. Engelsdorfer Verlag, Leipzig.

Weitere Bücher
im Ellert & Richter Verlag

Georg Jung
365 Tage Fischland, Darß und Zingst
ISBN: 978-3-8319-0436-5
392 Seiten mit 213 Abbildungen
Hardcover

Die Ostseehalbinsel Fischland, Darß und Zingst, dieser schmale Streifen zwischen Meer und Bodden, gehört zu den kostbarsten Küstengebieten Europas, eine Landschaft, die sich immer wieder durch Wind und Meeresströmung neu gestaltet. Vor 20 Jahren hat sich der Fotograf und Autor Georg Jung in diese Gegend verliebt. Er fand dort einen Motivreichtum, der seine fotografische Arbeit inspirierte. In 184 Bildern zeigt er nun die faszinierenden Naturschönheiten der Halbinsel, führt den Betrachter in reizende Fischerdörfer, in das Künstlerdorf Ahrenshoop und in alte Seemannskirchen und Museen, wo die große Zeit der Windjammer und der Zeesenboote wieder lebendig wird.

Toma Babovic; Bernd Schiller
Fischland, Darß und Zingst
ISBN: 978-3-8319-0317-7
64 Seiten mit 49 Abbildungen
Hardcover

Traumstrände und eine wild-romantische Natur voller Überraschungen zeichnen die Landschaften auf der Halbinsel Fischland, Darß und Zingst aus, die Künstler und Seefahrer angezogen hat. Ein Wald, der auf Meeresboden gewachsen ist, eine Boddenlandschaft von ganz eigenem Zauber, Dörfer und Städtchen mit einer bewegten Geschichte, Galerien und Ateliers im Künstlerdorf Ahrenshoop sind nur einige Beispiele für die Vielfalt dieser einzigartigen Ostsee-Region.

Bernd Schiller
Bernd Schiller, geb. 1943, hat als Reporter und Redakteur alle Kontinente bereist, aber auch seine nähere Umgebung erforscht.

Toma Babovic
geb. 1953 in Verden/Aller, studierte Architektur und Grafik-Design an der Akademie für Künste in Bremen. Seit 1989 freischaffender Fotodesigner in der Hansestadt. Er arbeitet u. a. für stern, SAISON und Merian.

Kristine von Soden
Stille Winkel auf Fischland, Darß und Zingst
ISBN: 978-3-8319-0396-2
128 Seiten mit 22 Abb. und 1 Karte
Hardcover mit Schutzumschlag
Neuausgabe 2013/2014

Stille Winkel? Auf Fischland, Darß und Zingst haben sie eine eigene Aura – können Orte sein, Augenblicke, Stimmungen ganz nah an unberührter Natur. Unerschöpflich sind sie auf Radwegen oder zu Fuß, zum Beispiel frühmorgens, wenn die Boddenwiesen noch taufrisch funkeln. Die Autorin entführt Sie auf neue Pfade durch die Künstlerkolonie Ahrenshoop, zu den Meereslogen auf den Seebrücken oder durch den Darßer Wald zu den Dünen und Windwatten, aber auch zu einer Boddenfahrt mit einem alten pommerschen Zeesboot. Überall fragt sie nach dem Geheimnis der Stille, welches so wohltuend die Seele badet und die Sinne salzt.

Kristine von Soden
Dr. phil., verbringt seit ihrer Kindheit (fast alle) ihre Ferien an der deutschen Küste. Als Featureautorin des NDR und DLF sowie als Dozentin an der Hamburger Universität schrieb sie mehrere feuilletonistische Bücher u. a. zur Küste von Mecklenburg-Vorpommern. www.vonsoden.de

Zwischen den Hansestädten Rostock und Stralsund liegt die schmale Halbinsel Darß, Fischland und Zingst, die, einer Sperre gleich, die buchtenreichen Boddengewässer von der Ostsee trennt. Die bezaubernde Vielfalt der Ostseeküste ist hier auf kleinem Raum zu einem abwechslungsreichen Landschaftsmosaik zusammengefügt. Mit sachlichen Informationen und essayistischen Schilderungen stellt Georg Jung die Besonderheiten vor.

Georg Jung
Der Darß, Fischland und Zingst
Eine Bildreise
ISBN: 978-3-8319-0440-2
96 Seiten mit 49 Abbildungen
Hardcover

Georg Jung
geb. 1945 im Sudetenland, lebt seit einigen Jahren als freier Reiseschriftsteller und Fotograf in Hamburg. Ausgedehnte Reisen in Europa, Neuseeland/Polynesien und Alaska. Zahlreiche Veröffentlichungen von Reiseberichten und Bildbänden.

Karten/Bildnachweis

Karten

Empfehlenswert sind Karten aus dem Nordland Kartenverlag (www.nordland-wanderkarten.de), Schwerin, und dem Verlag für Tourismus „Grünes Herz" (www.gruenes-herz.de), Illmenau. Beide Verlage bieten unter anderem großmaßstäbige (1:30.000) Blätter an, die sich besonders gut zum Wandern und Radfahren eignen.

Bildnachweis

Fotos: Frank Thamm, Bosau
außer:
Tilo Budinger, Hamburg: S. 106
flashpoint studio/Andreas Hirsch
& Sven Bartz: S. 74
Georg Jung, Hamburg: alle Titel-abbildungen, S. 11, 12/13, 15, 21, 22/23, 25, 28/29, 30, 32, 34, 40, 42/43, 45, 47, 48, 56, 58, 62, 64, 65, 68, 70, 73 u., 80/81, 83, 86 o., 86 u., 87, 89, 90, 92 re., 93, 100, 101, 108 li., 112/113, 118, 133, 136, 138, 139, 148/149, 164/165

Kranz, Prerow: S. 144
Armin Redöhl, Ahrensbök: S. 124
wikipedia.de: S. 26 (Niteshift (talk)), 54 (KunstmuseumAhrenshoop), 135 (Dirk Vorderstraße)

Mit freundlicher Genehmigung:
Appartementhotel Schlösschen
Sundische Wiese, Zingst: S. 143
Deutsches Bernsteinmuseum,
Ribnitz-Damgarten: S. 69, 79
Hotel Haus am Meer, Ahrenshoop: S. 72 o. re.
Hotel Speicher Barth: S. 141
(© Philipp Sommer Fotografie)
Künstlerquartier Seezeichen,
Ahrenshoop: S. 72 u. re., 73 o.
Kunstscheune Barnstorf: S. 78 u.
Ostseebad Ahrenshoop: S. 51
(© Stefan Reichel)
Romantik Hotel Namenlos & Fischerwiege, Ahrenshoop: S. 72 li.
(© Paulus Photography)
THE GRAND Ahrenshoop: S. 71

Impressum

Bibliografische Information der Deutschen Nationalbibliothek: Die Deutsche Bibliothek verzeichnet diese Publikation in der Deutschen Nationalbibliografie; detaillierte bibliografische Daten sind im Internet über http://dnb.d-nb.de abrufbar.

ISBN 978-3-8319-0612-3

© Ellert & Richter Verlag GmbH, Hamburg
7., aktualisierte Auflage 2015

Text und Bildlegenden: Frank Thamm, Bosau
Redaktion: Sophie Torp, Hamburg
Gestaltung: BrücknerAping Büro für Gestaltung GbR, Bremen
Karten: THAMM Publishing & Service, Bosau
Lithografie: SMS Scheer Medien Service GmbH, Bremen
Gesamtherstellung: CPI books GmbH, Leck

Alle Angaben in diesem Reiseführer sind mit Sorgfalt zusammengestellt, jedoch ohne jegliche Gewähr.

Redaktionelle Angaben: Stand April 2015

Wenn Sie Ergänzungs- und Berichtigungsvorschläge haben, schreiben Sie bitte an:
Ellert & Richter Verlag,
Große Brunnenstraße 116–120,
22763 Hamburg,
info@ellert-richter.de oder
info@thamedia.de

www.ellert-richter.de